加拿大杰出公司企业文化研究
——基于加美英企业的比较

李文明　孙炯光　赵悦　著

科学出版社

北　京

内 容 简 介

作为西方英语系大国杰出公司企业文化研究系列之一，本书选择了位列福布斯排行榜当中的七家加拿大杰出公司，即乔治威斯顿公司、加拿大鲍尔集团、加拿大皇家银行、Couche-Tard 公司、森科能源公司、麦格纳国际和 Enbridge 公司作为研究对象。通过分类解读这些公司的企业使命、企业愿景、企业宗旨、企业价值观、企业理念、企业行为准则和行为文化以及部分企业家的经营管理思想和企业管理经验，并且将这些内容与美国和英国共二十家杰出公司进行对比，以找出它们之间相通与不同之处，目的是系统介绍和全面解读这些杰出公司的企业文化，并从中梳理可以为中国企业借鉴的理念与方法。

本书既适合企业家和企业高管阅读，也适合企业管理专业的研究生、工商管理硕士和高级管理人员工商管理硕士阅读和参考。

图书在版编目（CIP）数据

加拿大杰出公司企业文化研究：基于加美英企业的比较/李文明，孙炯光，赵悦著. —北京：科学出版社，2017.6
（西方英语系大国杰出公司企业文化研究系列）
ISBN 978-7-03-053037-0

Ⅰ. ①加… Ⅱ. ①李… ②孙… ③赵… Ⅲ. ①企业文化-研究-加拿大②企业文化-比较文化-加、美、英 Ⅳ. ①F279.1

中国版本图书馆 CIP 数据核字（2017）第 117790 号

责任编辑：魏如萍 / 责任校对：李 影
责任印制：吴兆东 / 封面设计：无极书装

科 学 出 版 社 出版
北京东黄城根北街 16 号
邮政编码：100717
http://www.sciencep.com

北京京华虎彩印刷有限公司 印刷
科学出版社发行 各地新华书店经销

*

2017 年 6 月第 一 版 开本：720×1000 B5
2017 年 6 月第一次印刷 印张：13
字数：262 000
定价：82.00 元
（如有印装质量问题，我社负责调换）

前　言

　　《加拿大杰出公司企业文化研究——基于加美英企业的比较》是"西方英语系大国杰出公司企业文化研究系列"的一部分，是针对这个系列所规划的九本书当中的第五本。在"西方英语系大国杰出公司企业文化研究系列"所规划的九本书当中，第一本是《4S 企业文化与 7P 绩效管理及其互动影响研究》，这本书已经写作完成并等待出版，它的主要内容和研究目标就是建构后续八本书的理论框架和分析基础。第二本书和第三本书是专门针对美国公司进行的企业文化研究，书名分别是《美国杰出公司企业文化研究》及《企业文化与商业模式研究——对话美国中小企业家》，第四本书是专门针对英国杰出公司进行的企业文化研究，书名是《英国杰出公司企业文化研究》，它们已经由科学出版社正式出版。除了本书之外，其他关于英国中小企业、加拿大中小企业，以及澳大利亚的杰出公司、中小企业相关研究的四本书尚在写作过程当中。

　　写作与研究西方英语系大国杰出公司之企业文化的原因在于以下两个方面：

　　第一个方面，中外企业几百年的发展实践证明，企业文化对于企业管理非常重要，以青岛鑫光正钢结构股份有限公司为例，在它的带动下，公司一直稳扎稳打地发展，从区域小公司做到了中等规模的公司，然后上市，并且打下了建构百亿企业的基石。

　　第二个方面，西方大国的杰出公司对于企业文化管理非常重视，为此它们设计了众多的企业文化内容，并让它们发挥了支持和支撑企业发展的重要作用，即便在"互联网+"、智能制造、商业模式不断变革的今天，这些内容也依然适用。

　　"西方英语系大国杰出公司企业文化研究系列"的研究目标和研究价值是系统介绍和全面解读西方英语系大国的企业文化，并从中梳理可以为中国企业借鉴的内容与方法，这样的研究在国内目前应该是第一次。

　　从总体上看，可以把"西方英语系大国杰出公司企业文化研究系列"所规划的九本书分成三个类别：

　　第一个类别是理论框架研究，研究的目标是通过梳理文献和访谈西方学者与美国企业家以创建"4S 企业文化分析框架"，然后由它为后面的八本书提供研究路径。针对这一部分的研究作者只规划了一本书，即《4S 企业文化与 7P 绩效管理及其互动影响研究》。

第二个类别是基于企业调研和信息收集研究美国、英国、加拿大、澳大利亚4个国家34个杰出公司的企业文化管理经验与方法,并在此基础上形成四本书,即《美国杰出公司企业文化研究》、《英国杰出公司企业文化研究》、《加拿大杰出公司企业文化研究——基于加美英企业的比较》和关于澳大利亚杰出公司企业文化研究一书(待写作出版)。

第三个类别是基于企业家访谈和案例剖析研究美国、英国、加拿大、澳大利亚4个国家28个优秀中小企业之企业文化及其商业模式,并在此基础上形成另外四本书,即《企业文化与商业模式研究——对话美国中小企业家》、待出版的关于英国中小企业企业文化与商业模式研究、加拿大中小企业企业文化与商业模式研究和澳大利亚中小企业企业文化与商业模式研究的三本书。

作为第二个类别的研究成果之一,在《美国杰出公司企业文化研究》当中,作者介绍和解读了在2015年福布斯排行榜当中世界排名前一百的十家美国杰出公司的企业文化,尤其是它们的精神文化及其所包括的具体内容和中国企业可以学习和借鉴的地方。这十家美国公司分别是埃克森美孚石油公司(Exxon Mobile Corporation)、雪佛龙公司(Chveron Corporation)、威瑞森电信公司(Verizon)、JP摩根大通集团(JP Morgan Chase&Co)、美国银行(Bank of America)、马拉松原油(Marathon Oil)、波音公司(The Boing Company)、花旗集团(Citi Group)、富国银行(Wells Fargo)和宝洁公司(P&G),它们分属于石油、金融、电信、航空航天和零售行业。

作为第二个类别的研究成果之二,在《英国杰出公司企业文化研究》当中,作者介绍和解读了在2015年福布斯排行榜当中世界排名进入前五百的十家英国杰出公司的企业文化,并且同样是重点研究了这十家公司的精神文化六要素,以及它们的行为准则与行为文化和企业家们的经营管理思想及其对于中国企业的启发和借鉴。这十家家英国公司分别是英国石油公司(BP)、乐购公司(TESCO)、汇丰银行控股公司(HSBC Bank)、联合利华(Unilever)、南苏格兰电力(Scottish & Southern Energy)、英国森特理克集团(Centrica PLC)、力拓集团(Rio Tinto)、苏格兰皇家银行集团(The Royal Bank of Scotland Group PLC)、金巴斯集团(Compass Group)和BAE系统公司(BAE Systems PLC),它们分属于七个不同的行业,即石油化工、商购、银行金融、能源动力、资源开发、餐饮服务和军事工业。

作为第二个研究类别的成果之三,在本书的研究过程当中,作者选择了七家加拿大的杰出公司,并有针对性地研究它们的企业使命、企业宗旨、企业愿景、企业价值观、企业理念、企业行为准则和行为文化、企业家的管理思想、企业管理的独特做法等,同样,研究的目标是从这些杰出公司的企业文化管理经验当中梳理可以为中国企业借鉴的内容和方法。

如表 0-1 所示，在 2015 年进入世界五百强的加拿大企业共有十一家，本书选择乔治威斯顿公司（George Weston Ltd）、加拿大鲍尔集团（Power Corporation of Canada）、加拿大皇家银行（Royal Bank of Canada）、Couche-Tard 公司（Alimentation Couche-Tard）、森科能源公司（Suncor Energy Inc）、麦格纳国际（Magna Internatioal）和 Enbridge 公司（Enbridge Inc）七家企业作为研究对象，它们分属于餐饮、投资、金融、零售、能源、汽车、运输等行业。

表 0-1　2015 年进入世界五百强的加拿大公司

2015 年排名	2014 年排名	公司名称	营业收入/10^6 美元	利润/10^6 美元
212	—	宏利金融	49 371.20	3 170.30
287	367	乔治威斯顿公司	39 769	114.1
298	425	加拿大鲍尔集团	38 601.70	1 201.60
299	296	加拿大皇家银行	38 544.90	8 261.10
305	329	Couche-Tard 公司	37 956.60	811.2
317	282	森科能源公司	36 664.80	2 444
318	337	麦格纳国际	36 641	1 882
351	377	Enbridge 公司	34 088.60	1 272.30
357	361	多伦多道明银行	33 309.70	7 134.40
417	426	加拿大丰业银行	28 606.60	6 487.60
490	410	Onex 公司	24 219	−115

在研究过程当中，本书所使用的相关于这些公司的名字就是源自于该榜单，并没有做任何形式的修改或再译。

本书之所以选择以上七家企业作为研究对象主要基于以下两个原因。

（1）在"西方英语系大国杰出公司企业文化研究系列"之一的"澳大利亚杰出公司企业文化研究"当中，作者将选择七家企业作为研究对象，为了保证这个研究系列的一致性所以在本书当中同样也选择了七家加拿大的公司。而在针对美国与英国杰出公司的企业文化研究当中，作者各选择了十家企业作为研究案例，这样设计的原因如下：一方面是因为这两个国家进入福布斯排行榜的企业特别多，选择的空间比较大；另外一个方面也是考虑到两两对应的需要，即美国与英国的企业相对应，加拿大与澳大利亚的企业相对应。

（2）为了使所选择的研究对象具有更普遍的代表性，本书力争做到每个行业只选择一家企业，处于相同行业的企业尽量不做重复性选择。

分析以上七家企业可以看出，除了加拿大皇家银行以外的其他六家企业在 2015 年的世界排名都比 2014 年有所进步，而且有的企业进步的幅度还较大，如乔治威斯顿公司和加拿大鲍尔集团等。由此也可以反映出，加拿大 2015 年的整体经济发展大大好于 2014 年的表现，这与澳大利亚的公司及其国家经济形势的表现正好相反，在后续要研究的澳大利亚七家公司当中除了一家有所进步以外，其他六家在 2015 年的世界排名均有所后退。

在"西方英语系大国杰出公司企业文化研究系列"所规划的九本书当中，已经完成和出版的《美国杰出公司企业文化研究》和《企业文化与商业模式研究——对话美国中小企业家》是"姐妹篇"。作为"姐姐篇"的《美国杰出公司企业文化研究》分析和解读的是美国十家特大型公司的企业文化及其对中国企业提供的参考，而作为"妹妹篇"的《企业文化与商业模式研究——对话美国中小企业家》研究的是美国七家中小型公司的企业文化及其对中国企业提供的借鉴。同样，《加拿大杰出公司企业文化研究——基于加美英企业的比较》和将出版的关于加拿大中小企业企业文化与商业模式研究一书也是"姐妹篇"，对于它们的设计与以上针对美国企业的设计思路是完全一致的。这样做的目的是，通过"姐姐篇"解析加拿大大型和特大型公司的企业文化，通过"妹妹篇"解析加拿大中型和小型公司的企业文化，如此就可以为中国的企业家和管理者们立体地介绍加拿大各个类型和各种规模公司的企业文化管理经验。

《英国杰出公司企业文化研究》和将出版的关于英国中小企业企业文化与商业模式研究，以及关于澳大利亚杰出公司企业文化研究——基于澳美英加企业的比较与关于澳大利亚中小企业企业文化与商业模式研究采用的也是同样的安排和设计。

《美国杰出公司企业文化研究》设计了七章的内容，《英国杰出公司企业文化研究》也设计了七章的内容，但是《加拿大杰出公司企业文化研究——基于加美英企业的比较》和后面要出版的关于澳大利亚杰出公司企业文化研究——基于澳美英加企业的比较均设计为八章的内容，而且针对加拿大和澳大利亚杰出公司的研究采用了与美国和英国杰出公司不同的范式。其中，针对美国和英国杰出公司进行的企业文化研究采用的是基于企业文化要素集中涉及企业进行统一分析的范式，而针对加拿大和澳大利亚杰出公司的研究则是以案例企业为独立单元，集中研究该企业所有相关于企业文化的内容。因为针对加拿大和澳大利亚各选择了七家企业作为研究案例，再加上一章关于已经研究过的各个国家杰出公司之精神文化的比较，所以针对这两个国家杰出公司的企业文化研究就分别形成了八章的内容。

在本书当中，八章内容分别如下：

第 1 章，乔治威斯顿公司的企业文化与企业管理。其中，1.1 节介绍乔治威斯顿公司的基本情况和企业家对于社会责任的认知及其对中国企业产生的启示。1.2 节介绍乔治威斯顿公司的企业使命和威斯顿之路，并且从威斯顿之路当中梳理出可以为中国企业所借鉴的一些应用性理念。1.3 节介绍乔治威斯顿公司的企业愿景，重点分析其独特的表述形式、表达内容和因此而提炼的三个特点，以及公司执行董事长对它的论述及其对企业使命的补充说明。1.4 节介绍乔治威斯顿公司的五个企业价值观，即卓越、领导、创新、服务和诚实及其所包括的内涵与重点。1.5 节主要介绍和解读乔治威斯顿公司的行为准则和行为文化，以及行为准则与行为文化之间的关系。1.6 节介绍和分析乔治威斯顿公司的企业管理及其重视委员会管理的特点。

第 2 章，加拿大鲍尔集团的企业文化与企业管理。其中，2.1 节介绍加拿大鲍尔集团的基本情况及其在营业收入和利润水平方面与前一家企业，即乔治威斯顿公司的对比，此外还要介绍加拿大鲍尔集团在经营企业时所持有的基础性认知。2.2 节介绍和解读加拿大鲍尔集团的责任管理理念和两位企业领导对这一理念的解读，以及基于这一理念所提出的企业社会责任（corporate social responsibility，CSR）和环境、社会与管理（environmental，social and governance，ESG）两个体系的内涵。2.3 节介绍和解读加拿大鲍尔集团的多样性理念，并结合美国与英国杰出公司对该理念的认识来分析一家企业尤其是大型跨国企业坚持多样性理念的原因和做法。2.4 节介绍和解读加拿大鲍尔集团的员工管理理念，并结合美国与英国杰出公司对该理念的认识来解读"能够创造价值的伟大公司之特点在于它们可以吸引和留住人才并为他们提供多样化的发展空间"这一核心思想的内涵。2.5 节介绍和解读加拿大鲍尔集团的业务行为准则与道德规范，以及准则的实施、报告机制、履行责任、负责主体四个方面的详细内容。2.6 节介绍和解读加拿大鲍尔集团的企业管理经验，尤其是重点分析其强化战略性管理的四点内容，即强化企业董事会的作用与管理、强化企业社会责任、强化积极所有权和加强风险管理。

第 3 章，加拿大皇家银行的企业文化与企业管理。其中，3.1 节介绍加拿大皇家银行的基本情况。3.2 节介绍和解读加拿大皇家银行的企业宗旨。3.3 节介绍和解读加拿大皇家银行的企业愿景及其战略目标的设计。3.4 节介绍和解读加拿大皇家银行的企业价值观以及企业价值观与精神文化其他要素之间的关系。加拿大皇家银行的企业价值观包括五个方面的内容，它们分别是客户至上、合作共赢、主动负责、多样包容和坚守诚信。为了确保企业价值观的落地，加拿大皇家银行将其与企业行为准则进行了对接，并且提出了五个方面的要求，即实事求是、尊重他人并且公平相待、遵守法律、直言不讳并且勇于指出错误、遵守政策和指令。3.5 节介绍和解读加拿大皇家银行的多样性与包容性理念及其在该方面所重点关注的六个因素。3.6 节介绍和解读加拿大皇家银行的企业行为准则和行为文化以及公司总裁在该方面的致辞，并且分析企业文化各个层次内容之间的关系。

第 4 章，Couche-Tard 公司的企业文化与企业管理。其中，4.1 节介绍 Couche-Tard 公司的企业基本情况以及其对全球性业务的描述。4.2 节介绍和解读 Couche-Tard

公司非常独特的企业价值观及其与美国和英国杰出公司的比较，Couche-Tard 公司的企业价值观包括五个方面的内容，即永远重视员工、结果导向、不断追求进步、永远向前看式地发展和保持创业精神。4.3 节介绍 Couche-Tard 公司企业领导关于企业发展的致辞，从中可以看出 Couche-Tard 公司的经营特点和发展走向。4.4 节介绍 Couche-Tard 公司关于董事会管理的详细设计以及从中可以参考的企业管理理念与方法。针对董事会管理，Couche-Tard 公司非常重视七个方面的工作，包括重视独立董事的选择及其作用的发挥，重视首席董事的作用并明确其职责，强化董事会的权力并明确其职责，强化对新老董事的管理和培训，明确和规范董事的商业道德行为，严格选择和选拔新董事，强化董事会成员的评估与薪酬管理。

第 5 章，森科能源公司的企业文化与企业管理。其中，5.1 节介绍森科能源公司的企业基本情况及其完整的成长过程。5.2 节介绍和解读森科能源公司企业使命的内容，并分析其自形式表达到内容设计以及细节安排等各个方面的特点。5.3 节介绍和解读森科能源公司企业愿景的内容，及其与企业使命在描述形式和内容上的相同之处。5.4 节介绍和解读森科能源公司的企业价值观，包括安全至上、尊重、做正确之事、更上层楼和勇于奉献，然后解读其五个方面价值观的内涵及其与美国和英国企业相关性内容之间的比较。5.5 节介绍森科能源公司总裁兼首席执行官史蒂夫·威廉姆斯（Steve Williams）在企业可持续发展报告上的致辞，并从其致辞当中梳理出可以为其他企业借鉴和参考的相关思想。5.6 节介绍森科能源公司等同于企业行为准则的商业行为政策。

第 6 章，麦格纳国际的企业文化与企业管理。其中，6.1 节介绍麦格纳国际的企业基本情况及其三个重点发展方向，即世界级的制造水准、创新和领导力的发展。6.2 节介绍麦格纳国际的企业愿景，并分析其企业愿景当中所包含的企业宗旨的内容及其在表述形式上的特点。6.3 节分析和解读麦格纳国际的创新理念，并将其与美国和英国的企业进行对比。6.4 节介绍和解读麦格纳国际的员工管理理念和方法及其于员工管理工作当中所坚持的员工宪章及其六条工作原则。6.5 节介绍和解读麦格纳国际的行为与伦理准则，包括企业领导针对行为与伦理准则的致辞以及其行为与伦理准则的具体内容。6.6 节介绍和解读麦格纳国际的公司章程和运行原则，在这一节当中，首先介绍麦格纳国际的公司章程及其所包含的八条内容，其次解读麦格纳国际的运行原则及其九条原则的具体要求。

第 7 章，Enbridge 公司的企业文化与企业管理。其中，7.1 节介绍 Enbridge 公司的企业基本情况及其运输能源、生产能源和配送能源三个方面的主要业务。7.2 节介绍 Enbridge 公司的企业战略及其发展重点以及所包含的企业愿景的内容。7.3 节介绍和解读 Enbridge 公司的企业价值观及其在企业发展过程当中的作用。Enbridge 公司的企业价值观包括三个方面的内容，即诚信、安全和尊重，这三个方面的价值观被用来指导处理与社会、与环境及与彼此之间的关系三个方面。7.4

节介绍 Enbridge 公司的可持续发展理念以及基于该理念公司所选择的主要业务。7.5 节介绍和解读 Enbridge 公司的员工管理理念。

第 8 章，加美英三国企业精神文化的比较分析。其中，8.1 节分析加美英三国企业的精神文化的整体情况及其相互之间的比较。8.2 节比较分析加美英三国杰出公司的企业使命，以及加拿大和美国与英国杰出公司在企业使命设计上的差距。8.3 节比较分析加美英三国杰出公司的企业愿景，以及多家企业所表述的企业愿景的内容。8.4 节比较分析加美英三国杰出公司的企业宗旨，并且阐述了企业宗旨的内涵、作用及其与其他精神文化要素之间的替代关系。8.5 节比较分析加美英三国杰出公司的企业价值观，并全面介绍了二十二家企业的企业价值观的具体内容。8.6 节比较分析加美英三国杰出公司所关注的企业理念的情况及其所集中关注的企业理念的类型，以及二十一家企业关注企业理念的详细情况。

写作本书的目的和价值就在于深入揭示加拿大杰出公司的企业文化的构成、特点及其关注的重点，帮助中国企业家分析加拿大的企业文化与中国的企业文化之相通和不同的具体细节，从而为中国企业更好地开展企业文化与企业管理的工作提供应用性的参考。

此外，借助本书的写作还希望传达这样一个信息，即无论是大型企业还是中小型企业都可以把"成就一个伟大的公司"作为自己的奋斗目标。而要实现这个目标就必须强化企业文化在企业管理过程当中的作用，以从思想认识上解决企业发展的动力和方向问题。

本书的研究特点在于以下六个方面：

（1）注重实用性和可操作性。作为"西方英语系大国杰出公司企业文化研究系列"九本书当中的第五本，本书直接使用了在第一本书，即《4S 企业文化与 7P 绩效管理及其互动影响研究》当中建构的"4S"（surface culture、spiritual culture、sub-culture、shaping culture，即表象文化、精神文化、亚文化、在生成文化）企业文化分析框架"。基于这个框架研究 7 家加拿大杰出公司的企业文化时，本书只专注于挖掘案例企业之企业文化管理方面的应用价值和成熟经验，以便为中国企业提供实用性和操作性的参考，因而不过多地进行理论上的探讨与分析。

（2）注重客观性和真实性。与前面几本书一样，在本书的研究过程当中所使用的资料都是作者在国外收集到的相关信息，这些信息直接取自案例企业，没有参考任何方面的二手信息。此外，在本书当中还展示了部分资料的英文原文，以供英语较好的读者直接进行参考。

（3）突出研究的重点和层次性。本书重点研究的是七家加拿大杰出公司的企业文化，之后才是这些公司在企业管理方面的一些独到做法。以每章六节计，其中研究企业文化的内容会占用五节，而研究企业管理的内容每章只有一节。这也是虽然每一章的名字都是"某某公司企业文化与企业管理"，但是全书的名字只有

"企业文化研究"，而没有出现"企业管理研究"的主要原因。此外，在本书的研究过程当中，在每一节的设计上都会遵循一个固定的顺序，即首先是精神文化，其次是行为文化，最后是关于企业管理方面的经验与做法；在精神文化六要素当中，先研究企业使命、企业愿景、企业宗旨，之后研究企业价值观，最后是企业理念。强调这种顺序性的目的是突出企业文化本身的层次性，以帮助读者加深对企业文化管理逻辑性和联动性的理解。

（4）注重加美英三国企业的比较。本书与《美国杰出公司企业文化研究》和《英国杰出公司企业文化研究》同属"西方英语系大国杰出公司企业文化研究系列"第二个类别的内容，都是针对英语系国家杰出公司之企业文化管理所做出的解读。针对这三本书的研究，作者采用了相同的研究框架，而且三个国家的杰出公司在设计其企业文化的内容时也有很多相通的地方，所以本书在研究的过程当中还加入了加拿大企业与美国和英国企业的比较。通过比较可以方便读者了解和把握它们之间企业使命、企业宗旨、企业愿景、企业价值观、企业理念和行为文化等各个方面的同与不同之处，可以更方便读者有选择性地借鉴这三个国家杰出公司于企业文化管理方面集中关注的经验与做法。

（5）注重理解和解读。虽然本书是基于所收集到的七家加拿大杰出公司关于企业文化管理方面的英文资料而进行的研究，并且保留了其中的部分英文原文，但不是以翻译为目的，而是以解读为目标。在对这七家杰出公司的企业文化管理的解读过程当中，还融入了大量的作者关于企业文化、企业战略、团队管理、员工管理等方面的个人见解。

（6）注重中国化。在本书的研究过程当中，非常注重将西方英语系主要大国杰出公司的企业文化内容使用中国企业家所熟悉的语言进行解读，在作者当中，孙炯光本身就是企业家。

目　　录

第1章 乔治威斯顿公司的
企业文化与企业管理

　　本章介绍和解读的是加拿大第二大公司，即乔治威斯顿公司的企业文化与企业管理[①]，这是一个传承了三代的大型家族企业，是一家在餐饮行业打拼了一百多年的上市公司。

　　本章内容共分为六节。

　　1.1 节介绍乔治威斯顿公司的基本情况和企业家对社会责任的认知及其对中国企业的启示。

　　1.2 节至 1.4 节系统地介绍乔治威斯顿公司四层次企业文化当中最为核心的"精神文化"的相关内容。在"精神文化六要素"，即企业使命、企业宗旨、企业愿景、企业核心价值观、企业价值观（企业精神）和企业理念当中，乔治威斯顿公司重点关注的是企业使命、企业愿景和企业价值观。而企业宗旨被融入企业愿景当中一同描述；与多数美英企业一样，核心价值观的设计等同于企业价值观体系当中的第一个；企业理念的相关内容被融于企业家的几个致辞当中而没有单独提及。

　　基于上述情况，1.2 节介绍乔治威斯顿公司的企业使命以及为了更深入地解读企业使命而设计的威斯顿之路，并且从威斯顿之路当中梳理可以为中国企业借鉴的一些应用性的理念。

　　1.3 节介绍乔治威斯顿公司的企业愿景，重点分析其独特的表述形式、表达内容和因此而提炼的三个特点，以及公司执行董事长对它的论述及其对企业使命的补充说明。

　　1.4 节首先介绍乔治威斯顿公司的五个企业价值观，即"卓越"、"领导"、"创新"、"服务"和"诚实"；其次分析其价值观描述的特点及其与中国企业的比较；最后基于美国与英国多家杰出公司企业价值观的内容和乔治威斯顿公司的总裁对它们的认知深入解读西方企业对"卓越"、"领导"、"创新"、"服务"和"诚实"

---

　　① 本书案例企业在加拿大的排名以前言当中的表格为准，余同。

的内涵的界定。

1.5 节主要介绍和解读乔治威斯顿公司的行为准则和行为文化，在这一节当中，首先介绍乔治威斯顿公司行为准则的内容，其次分析行为准则与行为文化之间的关系，最后逐条解读乔治威斯顿公司行为准则九大内容的内涵与重点。

1.6 节介绍和分析乔治威斯顿公司的企业管理及其特点，在这一节当中，首先介绍乔治威斯顿公司几个重要委员会的职能，其次分析其委员会管理的特点，最后指出采用委员会管理模式的企业应该避免陷入的几个误区。

1.1　乔治威斯顿公司企业基本情况介绍

乔治威斯顿公司是加拿大的一个知名家族企业，与美国的众多家族企业一样，这家公司的名字同时也是创业者的姓名，其中乔治是名，也就是英语系国家当中所说的首名字，即 First Name；威斯顿是姓，也就是英语系国家当中所说的后名字，即 Last Name。

在《美国杰出公司企业文化研究》和《企业文化与商业模式研究——对话美国中小企业家》两书当中，作者曾经介绍过的以这种方式命名的美国企业包括 JP 摩根大通（JP Morgan Chase&Co）、JJ GUMBERG 公司（Joseph J. Gumberg Company）和霍华德汉那公司（Howard Hanna）等。

乔治威斯顿公司在 2014 年的世界排名当中居于第 367 位，在 2015 年猛然发力，世界排名进入第 287 位，足足前进了 70 多名。这家公司在 2015 年的营业收入为 $39\,769 \times 10^{6}$ 美元，而利润收入却只有 114×10^{6} 美元，这与后面要介绍的银行企业和投资公司的利润水平相差甚远，由此也可以看出，加拿大的餐饮行业与金融投资等行业之间存在巨大的利润差别。

关于乔治威斯顿公司的企业情况介绍，作者查阅了该公司的网站，以下内容便是取自其网站上的资料：

George Weston Limited is a Canadian public company, founded in 1882, engaged in food processing and distribution. The Company has two reportable operating segments: Weston Foods and Loblaw, and holds cash and short term investments. Supported by a strong balance sheet, the Company seeks long-term, stable growth in its operating segments through continuous capital investment.

Weston is committed to creating value for its shareholders and employees, and to supporting the communities in which it operates.To deliver long-term value to its shareholders, Weston employs various operating strategies. Weston Foods concentrates on brand development, low operating costs and maintaining a broad customer base, with the objective of providing the best bakery solutions to its customers.

Loblaw concentrates on food retailing with the objective of providing Canadian consumers with the best in one-stop shopping for everyday household needs.

成立于 1882 年的乔治威斯顿公司是加拿大一家上市企业，它主要从事食品加工和配售业务。这家公司有两个经营分部，即威斯顿食品公司和罗布劳公司，它们都持有现金和短期投资。该公司的两个经营分部以强劲的资产负债表为后盾，通过持续的资本投资，寻求长期并且稳定的增长。

其中，威斯顿致力于为股东和员工创造价值，并对其业务所在的社区进行支持。为了帮助股东创造长期价值，威斯顿采用了不同的经营策略。威斯顿食品公司专注于品牌发展、低运营成本并维护广泛的客户基础，其目标是为客户提供最好的烘焙食品解决方案。

而罗布劳公司主打食品零售业务，其目标是为加拿大消费者提供最好的日常家用品一站式购物。

看了以上资料，读者便可以十分清楚地认知这是一家什么样的企业，即它在经营什么，追求什么，以及有什么样的特点。

为了帮助读者更进一步地了解这家公司，下面再看一下其执行主席盖伦·威斯顿（W. Galen Weston）的一个讲话：

Among Canada's major publicly traded companies, we are the oldest family-run firm and one that has been a proud corporate citizen for over one hundred years. Since my grandfather started the company in 1882, we have grown along with the country and in the process provided thousands of jobs, helped foster economic development, built value for our shareholders and reinvested back into the community through our Foundation and our corporate community activities.

Our firm's role as a corporate leader also extends to the way we behave towards the environment. As distributors and retailers, we need to act responsibly to minimize our environmental footprint and continually strive for sustainable growth.

My father deeply believed that the wealth generated by an enterprise such as ours should be directed back into the community where its employees live and work. In the 1950s, he created The W. Garfield Weston Foundation for that purpose. Over the years, it has successfully partnered with numerous social, educational and environmental agencies to build stronger communities and enhance individual lives.

In addition to our Foundation, George Weston Limited, Weston Foods Inc. and

Loblaw Companies Limited are extremely active in communities across Canada, working with social partners that share their strategic focuses. Together they donated more than $35 million to benefit Canadians last year alone.

我们是加拿大主要上市公司当中最古老的家族企业，是一个已经拥有一百多年历史的自豪的企业公民。自从我祖父在 1882 年创办公司以来，我们就与国家共同成长，为人们提供了数以万计的就业机会，助力经济发展，为股东创造价值，并通过基金会和企业社区活动回报社会。

作为领导性企业，我们的公司有责任关注我们的行为方式对环境所产生的影响。作为分销商和零售商，我们对自己的行为负责，把对环境产生的影响降到最低，并不断争取可持续增长。

我父亲深深地相信，像我们这样的企业所创造的财富应该回报给我们员工所生活和工作的社区。为此，在 20 世纪 50 年代，他创立了加菲尔德威斯顿基金会。多年来，此基金会成功地与众多社会、教育和环境机构合作，建立了更强大的社区，提高了个人生活水平。

除了我们的基金会，乔治威斯顿公司、威斯顿食品公司和罗布劳公司在加拿大各个社区当中都异常活跃，积极与社会各方合作，共享战略发展的红利。仅去年一年，几个公司就共同捐助 3 500 万美元以造福加拿大人民。

作为公司创始人乔治·威斯顿的孙子和第二代经营者加菲尔德·威斯顿的儿子，盖伦·威斯顿的讲话在简要回顾家族企业成长历史的基础上表达了企业要承担社会责任的主要思想。

在盖伦·威斯顿的讲话当中，他强调的重点既不是公司的业务范围，也不是企业的发展战略和商业模式，而是强调一家大企业的社会责任，以及为了实现这种社会责任乔治威斯顿公司都做了哪些方面的努力。事实上，特别强调社会责任是加拿大公司的一个普遍特点，后文中要介绍的另外一家公司——加拿大鲍尔集团对此有着更为详细的认知和设计。

通过盖伦·威斯顿这个讲话，可以概括出三个重要的结论以便为中国企业家提供借鉴和参考：

（1）大企业对社会要有大担当，没有大担当的企业即使规模再大也很难受人尊重。

（2）对社会有大担当的企业一定可以做得很大，而且可以走得很远，它们做成百年老店是一种必然。

（3）有智慧的公司一定会以对社会的大担当作为其可以大发展的最为重要的根基。

1.2 乔治威斯顿公司的企业使命及其解读

1.2.1 乔治威斯顿公司的企业使命

乔治威斯顿公司的企业使命非常简短，那就是要成为特定区域内最好的烘焙问题解决专家，其中包含着"顾客至上"的核心思想。具体描述如下：

Weston Foods' mission is to be recognized by its customers as providing the best bakery solutions in North America.

威斯顿食品公司的企业使命是成为北美地区客户心目中公认的最佳烘焙问题解决专家。

企业使命是企业的经营哲学，它要表述的是一个公司"应该成为什么样的企业"和"应该为客户提供什么样的产品和服务"这一基本定位问题。绝大多数成功的企业经验告诉我们：定位准确比行动积极更重要，路径正确比工作努力更重要。

反观乔治威斯顿公司的企业使命就是一个非常准确和非常清晰的定位，这种定位是作者所提倡的，它的特点是专注于从事某一行业甚至是这个行业当中的细分领域。因为专注，所以可以做到专业化；因为专业化，所以可以成就行业当中的领导者；因为是行业当中的领导者，所以可以一直赢得顾客的倾心从而能够发展得很好，而且可以持续不断地发展下去。这样的企业定位比盲目进行跨界经营，不切实际地追求多元化的发展思路要好得多。

除了在内容上清楚地表述了公司的定位以外，乔治威斯顿公司的企业使命还有一个特点，即在形式上用精练的语言界定出公司的企业使命，之后再用解释性的语言对其进行更为广泛的描述，以帮助企业员工和客户更容易地理解这一界定的内涵。

乔治威斯顿公司针对其企业使命的解释性描述如下：

At Weston, adding value matters most. Our food processing and retail businesses depend on the millions of people who buy our products and services and shop in our stores every week. That's why we need to do everything possible to ensure our customers have a great experience. Simply put, our customers deserve our best.

在威斯顿，创造附加价值最为重要。我们的食品加工及零售业依赖于数以万计的客户，他们购买我们的产品，接受我们的服务，每星期都会光顾我们的商店。这就是我们为什么要尽一切可能来确保客户有最好体验的原因。简单地说，我们的客户应该得到我们最好的付出。

乔治威斯顿公司的企业使命的界定模式是作者所提倡的两种方式之一，即用最精练的语言概括出企业的定位，之后针对如此精练的语言做出补充性的说明。因为语言精练，所以能够让人看一眼即可记住；因为语言精练，所以很容易为员工所理解；因为语言精练，所以需要有一个补充性的说明，以帮助员工和客户更准确地理解其要表达的丰富内涵。

作者所提倡的另外一种企业使命界定方式就是，使用一个长句子，一次性把企业的定位、业务范围、追求的重点说清楚、讲明白。这种方式是有挑战性的，它对设计者的文字能力有着很高的要求。

1.2.2　威斯顿之路及其对企业使命的补充

乔治威斯顿公司非常看重其企业使命的内涵，为此，其又概括出了威斯顿之路。威斯顿之路不仅进一步解读了乔治威斯顿公司企业使命的内涵与诉求，而且还全面解释了其努力的重点以及选择如此发展道路的原因，这样的补充设计可以帮助公司的企业使命更好地实现，成为落地的目标。

在《美国杰出公司企业文化研究》一书中，雪佛龙公司也曾经提出过"雪佛龙之路"的说法，只不过它所补充描述的是雪佛龙公司的企业愿景而非企业使命。

以下就是威斯顿之路的具体内容：

We do everything with our customers in mind. From delivering high quality corporate advisory services to innovative product development to getting goods on shelves, our top priority is meeting the needs of the customers.

Weston provides our customers with clear, accurate information about our pricing and products through our communication and advertising. All promises and commitments we make to our customers are true, undergo rigorous due diligence and are supported with proper testing and communicated in a clear and understandable manner. We go the extra mile to let our customers know that we appreciate their business.

We are also committed to being a leading North American bakery company focused on exceptional product innovation and quality, exceeding customer expectations and a highly effective cost management operation that drives growth. This is the Weston Way and we have built our reputation on it.

我们发自内心地为客户做一切他们所需要的事情。无论是提供高品质的企业咨询服务，还是创新产品开发以及产品上架的各个方面，满足客户需求永远都是我们的首要任务。

威斯顿公司通过沟通与广告为我们的客户提供明晰精准的定价与产品信息。我们对顾客做出的所有承诺和努力都是真实的，都经历了严格的和负责任的调查，并且依托于我们进行的恰当的测试和清楚易懂的沟通。我们加倍努力就是想让客户知道：我们非常感激他们对我们生意的关照。

我们致力于成为北美领先的烘焙公司，注重卓越产品的创新和品质，超越顾客之所想，并且借助高效的成本管理推动经济的增长。这就是威斯顿之路，借它我们建立了自己的声誉。

梳理一下威斯顿之路，可以从中提炼出几个关键的句子以供中国的企业家们参考：

（1）"我们发自内心地为客户做一切他们所需要的事情。"

这是一个时常被谈起的话题，它的核心思想就是一切以顾客为中心或者顾客至上。但是常谈的话题往往也是最为重要的思想，针对这一思想，乔治威斯顿公司使用了两个非常重要的关键词，一个是"发自内心"，另外一个是"一切"。

基于乔治威斯顿公司所使用的这两个关键词能够引发如下思考：

第一，人做事，做与不做是第一重考量，做多与做少是第二重考量，而在第二重考量当中，用心与不用心是关键。只要发自内心地想做，每个人都可以把事情做好，至少是可以做到个人能力所及的最好，企业也是如此。而企业如果能够发自内心地为顾客做事情的话，则顾客是会有感知的，这种感知是他们回报企业的最为坚实的基础。有了这种基础，任何企业都可以获得大发展与发展一切之可能。

第二，用最通俗的话来理解这句话要表达的意思就是，"发自内心地为客户做一切他们所需要的事情，客户因此就会喜欢你；客户如果喜欢你，你想不成功都不容易"。

（2）"满足客户需求永远都是我们的首要任务。"

为什么把满足客户的需求设为企业发展之首要任务呢？在此可以用上一句话"当我们不断地完成这样的首要任务之后，我们就会获得客户发自内心的信任，我们就会因此而不断地获得成功"给出答案。事实上，这就是"利他"而后"利己"思想的最具应用性的写照。

（3）"我们加倍努力就是想让客户知道：我们非常感激他们对于我们生意的关照。"

在此也可以用"当他们知道了我们的感激之情，并且得到了出于感激我们为他们所做的一切之后，他们就会一如既往地关照我们，关照我们的生意"。可以说，客户一直关照企业的生意，企业就会因此而生意兴隆！

（4）"我们致力于成为北美领先的烘焙公司。"

这个短句是一个设计企业愿景的经典范式。

在这句话当中有两个关键词是可以替换的，其中之一是"北美"，它可以被替换成任何一个公司所在的区域，如"华北地区"、"中国"、"亚洲"及"全球"等；其中之二是"烘焙公司"，它可以被替换成任何一个公司所着力打造的领域，如"钢结构公司"、"房地产营销公司"、"物流公司"及"智能制造公司"等。

在这句话当中有两个关键词是不能替换的，其中之一是"致力于"，其中之二是"领先"，这两个关键词合在一起要表达的意思就是"致力于成为行业领导者"或者是"致力于成为区域领导者"。

借助这四个关键词的变与不变，任何一个有追求的企业都可以借此而生成自己的发展愿景或是战略目标，如我们致力于成为全球领先的钢结构公司（这是青岛鑫光正钢结构股份有限公司的企业愿景）；我们致力于成为华北地区领先的房地产营销策划公司；我们致力于成为亚洲领先的物流公司；我们致力于成为全球领先的智能制造公司；等等。

（5）"注重卓越产品的创新和品质，超越顾客之所想。"

超越顾客之所想既是目标，也是手段，更是卓越企业可以大力发展的制胜法宝，它要实现的已经不是满足顾客之所需，而是要达到引领顾客之所想的境界。

如果从目标的角度看，实现它的最好手段是注重卓越产品的创新和品质，这是永远不变的前提；如果从手段的角度看，它要实现的目标是赢得顾客持续的关注和关照，从而实现企业的可持续发展。把这种思想与阿里巴巴、腾讯、百度、万达、今日头条、美团、滴滴等企业联系到一起，就会获得对该理念最直观的认知和注解。

（6）"这就是威斯顿之路，借它我们建立了自己的声誉。"

建构企业声誉是打造核心竞争力的关键，是任何一家企业进行有效品牌管理都离不开的基础。

但是如何建构企业的声誉呢？仅仅依靠产品、依靠技术、依靠营销、依靠服务吗？答案为：是又不是。原因在于：产品、技术、营销和服务是必要的，但却不是最重要的。

依据威斯顿之路可知，建构一个企业声誉的核心是企业对待顾客的态度，以及对待自己的要求，它们才是企业声誉得以形成的灵魂。

1.3　乔治威斯顿公司的企业愿景及其解读

1.3.1　乔治威斯顿公司的企业愿景

乔治威斯顿公司的企业愿景与之前所研究的任何一家美国或英国杰出公司都不一样，它的主要内容如下：

Weston's vision is centred on three main principles: growth, innovation and flexibility.

Weston seeks long-term, stable growth in our operating segments, while accepting prudent operating risks through continuous capital investment. Our goal is to provide sustainable returns to our shareholders over the long term through a combination of common share price appreciation and dividends.

Weston believes that to be successful over the long term, we must deliver on what our customers and consumers want, today and in the future. We encourage innovation, so we can continue to deliver new products and services at competitive prices to our customers.

威斯顿的企业愿景以三个原则为中心，它们分别是发展、创新和灵活性。

威斯顿公司在运营的部分寻求长期和稳定的发展，与此同时接受长期资本投资产生的审慎的运营风险。我们的目标是借助通用股价升值和分红为股东提供可持续性的回报。

威斯顿相信无论是现在还是未来，要想获得长期的成功就必须满足客户或顾客之所需。我们鼓励创新，所以我们能够一直以极具有竞争力的价格为我们的顾客提供产品和服务。

1.3.2　关于乔治威斯顿公司企业愿景的解读及其与美英企业的比较

分析乔治威斯顿公司的企业愿景，首先它在形式上有别于美国和英国的杰出企业。为了更加直观地说明这种区别，可以回顾一下《美国杰出公司企业文化研究》和《英国杰出公司企业文化研究》两书中所使用的部分企业案例。

以下列举的是两家美国企业的"企业愿景"：

● 埃克森美孚石油公司的企业愿景

"埃克森美孚公司激励人们在我们所处的行业的各个领域都要保持领先的优势，那就要求我们公司的各种资源包括财务、管理、技术和人才都能够得到合理的使用以及正确的评价。"

● 雪佛龙公司的企业愿景

"企业愿景是雪佛龙之路的核心，那就是要成为一个全球化的能源公司，让全世界的人们因为这个公司的员工而敬佩，因为这个公司的合作伙伴而赞扬，因为这个公司的卓越的绩效表现而叹服。"

以下列举的是两家英国企业的"企业愿景"：

● 乐购公司的企业愿景

"在我们工作的任何地方，我们都致力于帮助顾客、同事和社区过上更便捷的生活。"

● 联合利华的企业愿景

"联合利华有一个简单但清晰的目标，那就是制造可持续的生活用品，我们相信这是确保我们企业长期发展的最好途径。"

借助以上四个举例可以看出，美英两国的杰出企业在描述其企业愿景时，一般都会提出比较具体的长远目标或是战略方向，它们共通的特点是说法直接、内容具体、描述简洁。

而乔治威斯顿公司的企业愿景与以上所列四家企业的不同之处在于：

（1）从形式上看，乔治威斯顿公司的企业愿景的描述比较复杂。

（2）从整体内容上看，乔治威斯顿公司的企业愿景首先界定的不是战略目标，而是三个原则，即发展、创新和灵活性。

（3）从具体内容上看，乔治威斯顿公司的企业愿景既包含了公司企业宗旨的要求，又紧扣了公司企业使命的主张。

结合第一点和第二点的不同，可以从中找出乔治威斯顿公司与以上四家企业相同的地方。因为从实质上看，乔治威斯顿公司所提出的三个发展原则事实上又是其后面所要描述战略目标的关键词。也就是说，从整体内容上看，乔治威斯顿公司的企业愿景也是在描述其战略发展的方向和目标；但从形式上，其又提炼了三个关键词以帮助员工和客户更方便记忆这个方向或目标的内容。

事实上，在清楚描述自己公司的企业愿景之前，提炼若干关键词以帮助人们记忆是一个值得借鉴的做法。

为了更好地理解乔治威斯顿公司的企业愿景对公司企业使命的呼应，可以参阅公司执行主席盖伦·威斯顿在公司行为准则上的致辞：

For more than 40 years, my vision has been to continue George Weston Limited's traditions of consistently providing quality and value to our customers. My grandfather founded this great Company by exceeding customer expectations through innovative products at competitive prices, and built a reputation by employing top-quality people. Our goals and values remain the same today; they are the foundation for the way we govern ourselves and do business.

We are driven by a deeply-held responsibility to give back to the communities that have been so loyal to us, our stores, our products and our brands. We will continue to focus on respecting the environment, sourcing with integrity, bringing innovative products to market and being a great place to work.

That is why our Code of Conduct is so important. It outlines our expectations and helps you to understand what it means to represent our Company. Weston is committed to upholding the highest standards of conduct. As the Executive Chairman, I am proud to have my family name represented by a company whose employees conduct themselves to the highest standards – ethically, lawfully and professionally every day.

四十多年以来，我们的企业愿景一直在坚持乔治威斯顿公司的传统，那就是不断地为顾客提供高品质的和高价值的产品与服务。我的祖父通过产品创新形成优势价格超越顾客之所想从而创建了这家伟大的企业，并通过雇用最棒的员工建立了良好的声誉。我们的企业目标及价值观至今不变，这是我们自我管理和运营企业的基础之所在。

深植于心的责任感促使我们努力回报于所在的社区，因为长久以来他们一直忠诚于我们，忠诚于我们的商店，忠诚于我们的产品，忠诚于我们的品牌。我们将一如既往地尊重环境，诚信采购，不断将创新产品推向市场并建立伟大的工作平台。

这就是为什么我们的行为准则如此重要的原因。因为它勾画了我们的期冀，帮助你们理解我们公司所代表的含义。威斯顿承诺坚持最高的行为标准。作为执行董事长，我非常骄傲，骄傲于我的家族名字可以代表一个伟大的公司，它的员工们每天都能够依照最高的道德、法律和专业标准而行事！

1.4 乔治威斯顿公司的企业价值观及其解读

1.4.1 乔治威斯顿公司的企业价值观

乔治威斯顿公司的"企业价值观"包括五个方面内容，它们分别如下：

（1）Excellence.

（2）Leadership.

（3）Innovation.

（4）Service.

（5）Integrity.

（1）卓越。

（2）领导。

（3）创新。

（4）服务。

（5）诚实。

1.4.2　关于乔治威斯顿公司企业价值观的解读及其与美英企业的比较

从词汇选择的角度看，与多数美国和英国杰出公司一样，乔治威斯顿公司在描述自己的企业价值观时使用的都是名词，这一点不同于中国的企业文化描述方式。

中国的企业在描述企业价值观、企业理念或者企业精神时，往往会使用动词，如青岛宝博集团的企业精神就是"团结、拼搏、务实、创新"。当然，也有的中国企业在描述自己的"企业精神"时会以动词为主，再配以其他类型的词汇，如青岛鑫光正钢结构股份有限公司的"企业精神"是"激情、务实、感恩、跨越"，其以动词为主，兼用了名词；青岛同策房地产营销策划公司的"企业价值观"是"积极、尊重、坦诚、分享"，其以动词为主，兼用了副词。

以上所论只是中国企业与西方英语系主要大国杰出公司在企业文化描述方式上的差别之一。

中国企业与西方英语系主要大国对企业文化描述方式还存在着其他重大的差别，那就是在数量选择上存在不同的考量，具体表现如下：

（1）中国企业一般会选择偶数家企业价值观或企业精神，而且一般会选择四个或是六个，之所以这样设计的主要原因在于，中国的文化或是中国的文字表达习惯喜欢追求对仗而且简约。因为喜欢追求对仗，这就决定了不能选择奇数个；因为喜欢简约，同时根据人的记忆能力和企业发展的需要，两个太少，六个或者八个又太多，所以四个是一个很好的选择。而西方英语系主要大国的企业在设计相关内容时却没有这种考虑，它们在设计企业价值观、企业原则和企业理念时多数会选择五个，正如这里的乔治威斯顿公司那样；也有的企业会选择七个或者是九个，甚至还有的企业会选择十几个，在《美国杰出公司企业文化研究》当中所介绍的 JP 摩根大通的企业原则有整整二十个方面的详细表述。

（2）在美国与英国的杰出公司当中，有很多企业选择了使用完整的句子来描述其企业价值观，如美国富国银行的第一价值观是"员工是竞争的优势所在"；英国乐购公司的三个价值观是"竭尽全力为顾客服务"、"用人们喜欢的方式对待他们"及"小善举会有大不同"；英国森特理克集团的第二条价值观和第三条价值观是"满足不断变化的客户需求"与"确保能源为社会添砖加瓦"；美国银行的八大价值观是"诚心为顾客服务"、"建设伟大的工作平台"、"有效地管理风险"、"追求杰出的管理"、"诚心为利益相关者提供最好的服务"、"追求共同努力的目标"、"负责任地采取行动"及"充分重视和挖掘员工的力量"。

这样的做法在中国各类型公司的企业文化体系当中并不多见。

为了准确地理解乔治威斯顿公司对待这五个企业价值观的态度，可以参阅一下其公司总裁派威·宾宁（Pavi Binning）先生在企业行为准则上关于企业价值观的说明，他将其与企业的行为准则、行为文化以及成就卓越的企业事业密切关联到了一起。

以下是其致辞的部分内容：

As we look to the future, the strength of our values — Excellence, Leadership, Innovation, Service and Integrity—will continue to define Weston as a best-in-class organization. Our high performance culture requires that we adhere to these values individually and collectively.

This Code of Conduct represents more than words on a page; it reinforces what our customers and stakeholders expect of us, and what we expect of each other. Your actions are important in making us a great company. As you thoroughly review this Code of Conduct, please consider the important role that you play as an employee of Weston.

This Code is intended to provide a framework upon which to model our behaviors. As President, I am committed to holding myself, the leaders, and each of you accountable to the exceptional standards and results that built, and will continue to drive, this first-class Company.

当我们展望未来之时，我们的价值观，即卓越、领导、创新、服务和诚实之优势，将会使威斯顿公司从同行业中脱颖而出。我们高绩效的文化要求我们无论是个人还是集体都要恪守这些价值观。

此行为准则代表的不仅仅是一页纸上的文字，它指出了客户和股东对我们的期望以及我们对彼此的期冀。你的一言一行都有助于我们成就一家出色的公司，当你完整地看完此行为准则之时，请你仔细考虑一下，作为威斯顿的员工你可以发挥什么样的重要作用。

这一行为准则拟建立一个框架来塑造我们的行为。作为总裁，我对自己、各级领导者以及你们当中的每一个人负责，负责任地对待这些卓越的标准及其产生的结果，并将持续推动这个一流企业不断进步。

派威·宾宁先生在这个致辞当中强调了乔治威斯顿公司五个企业价值观的重要性，但是没有展开描述这五个价值观的内涵及其应该包括的具体要求，事实上，在整个乔治威斯顿公司的企业网站上都没有找到相关内容的介绍和说明。

有鉴于此，为了帮助读者理解西方英语系主要国家是如何看待这样五个价值观之内涵的，在这里可以将其分别与美国和英国的部分企业进行对比，借助这种对比以及美国和英国企业对此的解读，就可以深入地挖掘出这样五个价值观所要表达的企业诉求，而不会停留在似乎"一看即懂"的字面意思上。

关于第一个价值观"卓越"，在《美国杰出公司企业文化研究》和《英国杰出公司企业文化研究》当中曾经提及的公司包括英国石油公司和南苏格兰电力，在英国石油公司的五个价值观当中它排在第三位，在南苏格兰电力的五个价值观当中它排在第四位。其中，英国石油公司对它的解读是："我们从事有风险的行业，通过运营中系统的自律的管理追求卓越，我们遵守和支持公司制定的规则、准则，并且关注质量结果，渴望学习和提高。如果有什么事情是错误的，我们必改之。"南苏格兰电力对它的解读是："我们努力变得更好、更聪明、更具创新性，我们无论做什么都要力求做到最好。"

其实，美国的杰出公司也很看重这一价值观，只不过它们使用了不同的说法进行表达。例如，雪佛龙公司的第七个价值观是"追求优秀的绩效表现"，"我们承诺在我们所做的每一件事情上都力争优秀，而且我们会不断努力地去提高它们，我们满怀热情地去追求超乎预期的结果，这些结果既属于我们，也属于我们的合作伙伴。我们追求优秀结果的努力源自于我们的能力和紧迫感"。威瑞森电信公司的第三个价值观是"追求优秀的绩效表现"，"我们坚持追求高水平的绩效表现，鼓励创新性的思想并鼓励团队合作共同进行创新性的探索，我们从不会停止这样的追求，即持续地努力以帮助客户有更好的体验，且每天都能够找到满足客户需求的新的方法"。

关于第二个价值观"领导"，在《美国杰出公司企业文化研究》和《英国杰出公司企业文化研究》当中曾经提及的企业只有美国的宝洁公司一家，宝洁公司对此的界定如下："我们都是各自职责范围内的领导者，兢兢业业地在各自岗位上做出显著的成绩；我们对我们的工作前景有清楚的认识；我们集中各种资源去实施领导策略，实现领导目标；我们不断发展自身的工作能力，克服组织上的障碍，实现公司的战略。"

关于第三个价值观"创新"，在《美国杰出公司企业文化研究》和《英国杰出公司企业文化研究》当中曾经提及的企业有美国的雪佛龙公司和英国的 BAE 系统公司。在雪佛龙公司的七个价值观当中它排在第四位，在 BAE 系统公司的三个价值观当中它排在第二位。雪佛龙公司对它的解读是："我们不断地寻找新的发展机会且乐见打破常规的工作方法，我们借助创造力去发现和寻找事先没有想到的解决问题的现实可行的办法，我们的经验、技术和毅力可以确保我们能够战胜任何的挑战并在这个过程中传递我们的价值。"雪佛龙公司在此系统地表达了一家企业应该如何去追求创新以及如何去培养创新的精神，那就是首先要不断地寻找新的发展机会而不能"画地为牢"；其次要鼓励、支持、提倡那些可以打破常规的工作方法而不要"墨守成规"；再次要培养企业员工的创造力，要搞"全民总动员"；最后要以经验、技术和毅力作为创新的基础和保证，而"不打无把握之仗"；此外还要于工作过程当中不断传递企业的价值。BAE 系统公司对此的理解是："我们创造优势领先的解决方案"，为此，企业要做到三条，即"我们重视想象和经验；我们支持团队合作；我们共同努力将想法和技术转换成解决方案"。

关于第四个价值观"服务"，在《美国杰出公司企业文化研究》和《英国杰出公司企业文化研究》当中曾经提及的企业有英国的乐购公司和美国的美国银行，其他企业虽然没有直接提出这一价值观，但是也都有过类似的表述。乐购公司把"服务"作为企业的第一价值观，具体表述是"竭尽全力为顾客服务"，并且对此的解读如下："理解人们，包括顾客、员工和社会之需求，促其实现，是乐购公司的核心要务。这要求尽其所能地听其心声且广开言路，从充分利用会员卡信息到发挥社交媒体的作用，然后因势而动，创新性地满足大家的需求。"美国银行对此的表述是"诚心为利益相关者提供最好的服务"，对此的解读如下："我们能够为我们的顾客和消费者提供其他金融服务公司所不能提供的服务。通过帮助我们所服务的对象金融生活变得更好，我们可以创造并回报给他们想要得到的各种收益。"

关于第五个价值观"诚实"，在《美国杰出公司企业文化研究》和《英国杰出公司企业文化研究》当中所研究的二十家美国和英国杰出公司的企业价值观当中，这是排名第一的、多数企业认为是最重要的价值观。在《美国杰出公司企业文化研究》和《英国杰出公司企业文化研究》当中曾经直接提及的企业有美国的雪佛龙公司、威瑞森电信、宝洁公司和波音公司，以及英国的联合利华和金巴斯集团，在这六家公司当中，有五家企业将其放了企业价值观体系的首位。其中，雪佛龙公司将之视为企业的第一价值观，它们对此的解读是："我们待人与待己都会坚守诚实的态度，我们在所有的事务处理上都会坚持最高的道德标准，我们说到做到且想到做到，我们对我们的工作和行为高度负责并且义无反顾。"威瑞森电信也将其视为企业的第一价值观，它们认为："诚实是我们做任何事情时都要坚持的核心品质，我们诚实、正直、坚守道德信念，我们把诚实视作一个基础，有了这个基础我们就能处理好与我们的顾客、社区、股东之间的关系。"宝洁公司将其视为企业的第三价值观，对此的解读如下："我们始终努力去做正确的事情；我们诚实正直，坦率待人；我们的业务运作恪守法律的文字规定和内涵精神；我们在采取每一个行为，做出每一个决定时，始终坚持公司的价值观和原则；我们在提出建议时，坚持以事实为依据，并正确估计和认识风险。"波音公司同样将其视为企业的第一价值观，它们认为："我们走在高水平的道德之路上，以实现我们的承诺为荣，我们每个人都把完成自己的责任看做应该之事而不只是任务。"联合利华也是将其视为企业的第一价值观，对此的解读如下："以诚实和尊重的态度对待和企业有联系的人、组织以及环境，这一直是我们公司职责的核心内容。"金巴斯集团同样将其视为企业的第一价值观，它们认为："我们在企业发展的全过程当中建立起最高的道德准则和专业标准。我们希望基于诚实、尊重、公平、开诚布公的对话和坦诚的态度来建立各种关系。"

乔治威斯顿公司虽然把"诚实"视为其企业的第五个价值观，但是也给予了高度的重视，在后面要分析的公司行为准则当中针对如何确保"诚实"的做法，其还专门设计了十条具体的规定，涉及了方方面面关系的处理。

在看完以上关于"诚实"这一价值观的综合介绍以后，不应只有企业家可以受到启发并引起深刻反思，生活在这个社会当中的每一个人也都应如此。不可否认，"诚实"是一个既宝贵又基础性的品质，可是在现实生活当中又有多少人或者多少企业在认认真真地去追求它，并努力地去坚守它呢？

1.5　乔治威斯顿公司的行为准则与行为文化

1.5.1　乔治威斯顿公司行为准则的主要内容

多数西方英语系主要大国之杰出公司都比较注重"行为文化"对企业员工的规范和引导作用，因此它们会非常认真地研究和制定符合本企业特点的行为准则，并由严谨的行为准则来催生积极的企业"行为文化"。

以下就是乔治威斯顿公司九个行为准则的主要内容：

1. Adding VALUE matters most

Serving customers

Product safety

2. We RESPECT each other

Respect in the workplace
Integrity Action Line
Workplace safety

3. INTEGRITY above all

Uphold the law
No conflicts of interest
Receiving Improper Personal Benefits
Activities for Company Benefit
Shareholder relations
Fair dealings with government or regulatory officials
Dealing with competitors / anti-trust compliance
External board involvement
Respecting information and assets of others
If leaving the Company

4. Caring for our COMMUNITIES and the environment

Social responsibility
Environmental responsibility
Integrity Action Line
Charitable donations

5. Protecting COMPANY INFORMATION and ASSETS

Company information
Use of Company assets
Management of Company records

6. Protecting the Company's BRANDS and REPUTATION

Company intellectual property
Communicating with the media and the public
Social media

7. FINANCIAL matters

Integrity of financial reporting
Insider trading
Integrity Action Line

8. Committed to INNOVATION

Data governance
Business process management
Innovation

9. CONSEQUENCES for Code violations

Integrity Action Line
Interpretation

1. 附加价值最重要

顾客至上
产品安全

2. 我们彼此尊重

在工作场所相互尊重
正直行为方针
工作场所安全

3. 诚实至上

遵纪守法
消除利益冲突
获得不正当的个人利益
为公司利益进行的活动
股东关系
与政府或监管官员公平交易
如何对待竞争者/反垄断合规
外部董事参与
尊重个人信息和财产
如果要离职

4. 关注社区与环境

社会责任
环境责任
正直行为方针
慈善捐助

5. 保护公司信息和财产

公司信息
公司财产的使用
公司记录管理

6. 保护公司品牌和声誉

公司知识产权
与媒体和公众沟通
社交媒体

7. 金融事务

真实的财务报表
内线交易
正直行为方针

8. 锐意创新

数据管理
商业过程管理
创新

9. 违规后果

正直行为方针
解释说明

1.5.2　关于乔治威斯顿公司行为准则的解读

根据乔治威斯顿公司所设计的企业行为准则的内容能够看出，其对行为准则本身的重视。事实上，关于这一点在前面介绍乔治威斯顿公司总裁派威·宾宁先生的致辞时已经提及。概括派威·宾宁先生的致辞可以提炼出三个重要思想以供其他企业参考，具体如下：

（1）行为准则指明了客户和股东对企业的期望，以及企业相关利益者之间对于彼此的期冀。由此可以看出，行为准则不仅能够对内发挥规范员工行为的作用，而且还可以对外发挥宣传和宣示的作用，成为外界判断一家企业行为的重要依据。

（2）员工的一言一行都有助于成就一家出色的公司，基于行为准则的要求而行事的每一名员工都可以发挥促进企业发展的重要作用，所以绝对不能忽视任何一名员工的行为所可能产生的对企业的影响，这反过来也是企业必须制定行为准则以统一和规范员工行为的重要原因。

（3）行为准则可以帮助企业建立一个框架来塑造所有人员的行为，这些人员中也包括公司的高阶领导与各个层级的管理人员。从这个角度看，一家企业的行为准则同时也是确保这家企业上下统一、行动一致的重要保证。

除了以上三个重要思想以外，结合行为准则、行为文化在企业管理过程当中的作用、地位及其与行为之间的相互关系还可以做一些延展性的思考，具体如下：

（1）行为、行为准则和行为文化是三位一体的关系，其中，行为准则要发挥的是中介的作用。

（2）没有行为准则也可以生成行为文化，但是有了行为准则就可以系统地生成企业家希望出现的行为文化。

（3）产生行为文化的决定性力量是行为，有什么样的行为就会生成什么样的行为文化，所以制定行为准则的目的就是要规范企业所有人员的行为。

（4）行为文化既可以是企业及其员工行为的反映，同时也可以是进一步指导企业及其员工一切行为的依据，所以不能任由行为文化随意生成。

（5）企业行为可以借助行为准则生成，因此企业需要制定符合自己需求的行为准则，借此引导员工们的行为。

（6）当一家企业长期依据行为准则做事时就可以生成这家企业独有的行为文化，它可以反映一家企业的整体发展水平。

经上所论，行为准则和行为文化的重要性已经非常清楚了，乔治威斯顿公司经过四十多年的发展对此认识深刻，所以制定了一个非常详尽的也是非常实用的行为准则体系，其中既有具体的行为要求和规定，也有众多的价值诉求和说明。

其中，在第一个方面的行为准则当中，乔治威斯顿公司使用的关键词是"VALUE"，它所反映的是追求价值最大化的企业诉求，只不过这种追求是以"利他"为前提的，也就是公司首先要考虑帮助顾客追求最大化的价值，其次在此基础上实现企业价值最大化。体现该思想的是这一行为准则大类下面的两个具体要求：①顾客至上而且永远至上；②产品安全而且要确保绝对安全。由这一行为准则所反映的行为文化可以联想到青岛鑫光正钢结构股份有限公司的核心价值观，该公司的核心价值观只有两个字，即"增值"，具体又表现为以下三个方面：①员工努力工作增其价值，使员工依赖企业直到其信赖企业；②通过真诚服务赢得客户的信赖直至依赖，助其增值；③企业追求内涵式发展，确保超越竞争对手，不断增值。企业为此需要培养四个方面的意识，即价值意识、利他意识、契约意识和服务意识。

在乔治威斯顿公司第一个方面的行为准则当中所反映出来的行为文化就是对"价值"和"创造价值"的重视。

在第二个方面的行为准则当中，乔治威斯顿公司使用的关键词是"RESPECT"，即"尊重"，并且认定这种尊重不是一方对另一方的单向要求，而是双方或多方之间的相互约定，有了这样的约定以后，在处理企业内外各个方面的关系尤其是企业内部工作关系时应该牢牢把握的原则就是"彼此尊重，尊重彼此。"为此设计了三个要求，具体如下：①在工作场所相互尊重，领导尊重员工，员工尊重管理，员工之间相互尊重；②为了确保相互尊重，公司制定明确的行为指南；③尊重员工的最大前提是要确保工作场所安全。

在乔治威斯顿公司第二个方面的行为准则当中所反映出来的行为文化就是对于"尊重"和"相互尊重"的理解。

在第三个方面的行为准则当中，乔治威斯顿公司使用的关键词是"INTEGRIT"，即"诚实"，这是公司的五大价值观之一，1.4 节中已经分析了它的内涵及其在企业当中转化出来的各种要求，在此不再重复论述。

为了体现公司对"诚实"这一价值观的重视，在这一行为准则当中乔治威斯顿公司使用了"above all"作为修饰，这三个单词合到一起所要表达的意思就是"诚实至上"，即至上者（above all），最为重要之意也。

因为"诚实至上"的行为准则最为重要，所以设计出的相关要求也最多，一共有十条，包括：①遵纪守法，这是确保诚实的重要基础；②消除利益冲突，也可以称为消除不正当的利益冲突；③获得不正当的个人利益，并且具体列出了不正当个人利益的表现，之后要表达的思想其实是要求员工不能获得不正当的个人利益；④为公司利益进行的活动，包括活动类别和如何活动；⑤股东关系，即如何以诚实的态度处理与股东的关系；⑥与政府或监管官员公平交易，也可以称为如何在坚持公平的前提下处理与政府和监管官员之间的关系；⑦如何对待竞争者/反垄断合规；⑧外部董事如何参与公司事务；⑨尊重个人信息和财产；⑩对于要离职的员工以及离职以后的员工，应该基于诚实的要求而要坚守公司的一些相关约定。

在第四个方面的行为准则当中，乔治威斯顿公司使用的关键词是"COM-MUNITIES"，它既可以指"社区"，也可以指"社会"。对社区和社会的关注是西方英语系主要大国之企业文化内容当中必不可少的部分，所有的企业都非常重视对所在社区或者所处社会的回报，这一点是多数中国企业应该学习的地方。在西方英语系主要大国的企业当中，对社区和社会的关注思想可以体现在企业文化体系的不同部分，如有的企业将这一思想放在企业宗旨当中，有的企业将这一思想放在企业价值观当中，而乔治威斯顿公司则将其放于企业行为文化当中，设计为四个方面，具体如下：①承担社会责任；②承担环境责任；③坚守正确的行为，为此设计明确的正直行为方案；④进行长期的和多方面的慈善捐助。

在乔治威斯顿公司第四个方面的行为准则当中所反映出来的行为文化就是对社区与社会的"感恩"和"回报"，这事实上是中国传统文化当中最为宝贵的内容之一，对此中国的企业在建构企业价值观时应该向传统回归，以找回被人们遗忘的美好。

在第五个方面的行为准则当中，乔治威斯顿公司使用的关键词是"COMPANY INFORMATION"和"ASSETS"，即"公司信息"和"资产"。针对公司信息和资产，乔治威斯顿公司的态度和做法可以概括为一个词，即"Protecting"，意思是保护而且要持续地保护。保护公司资产，爱护公司资产这是毋庸置疑的事情，即无须强调，员工们就应该去做的工作。但是保护公司的信息、管理公司的记录是以信息化和"互联网+"为特点的现代社会面向企业提出的另外一个明确要求。乔治威斯顿公司很好地响应了这一要求，而且采取了十分具体的举措，包括：①保护和利用好公司的信息；②利用和保护好公司的资产；③管理好公司的档案和记录；等等。

在第六个方面的行为准则当中，乔治威斯顿公司使用的关键词也是两个词，即"BRANDS"和"REPUTATION"，意思是"品牌"和"声誉"，涉及公司的知识产权，如何与媒体和公众沟通，以及如何利用社交媒体全面宣传企业等方面的内容。

关于"品牌"和"声誉"的关系，在此有必要回顾一下威斯顿之路的核心思想，即建构一个企业声誉的核心是企业对待顾客的态度，以及对待自己的要求，它们才是企业声誉得以形成的灵魂。

在第七个方面的行为准则当中，乔治威斯顿公司使用的关键词是"FINANCIAL"，即"金融"或"财务"，对此乔治威斯顿公司提出了三条规定，即真实的财务报表、内线交易和正直行为方针。与大多数企业一样，乔治威斯顿公司明确这一行为准则的目的也是为了规范公司的财务管理。

在第八个方面的行为准则当中，乔治威斯顿公司使用的关键词是"INNOVATION"，即"创新"，这是公司的第三个价值观，对此也制定了三条具体的发展措施。

在第九个方面的行为准则当中，乔治威斯顿公司使用的关键词是"CONSEQUENCES"，即"后果"，它与前面八个类别的行为准则相反，具体描述的是违反企业的行为准则之后应该受到什么样的处罚，从这个角度看，它也可以被视为前面八条准则得以执行的最终保障。

1.6　乔治威斯顿公司的企业管理及其解读

1.6.1　乔治威斯顿公司的企业管理

乔治威斯顿公司企业管理的特点在于非常注重各种类型委员会的作用，这些委员会除了常规意义上的董事会以外，还有审计委员会（Audit Committee），管理、人力资源、任命及薪酬委员会（Governance，Human Resource，Nominating and Compensation Committee），退休金委员会（Pension Committee），环境、卫生和安全委员会（Environmental，Health and Safety Committee）等。

对于董事会的职能及其运作，乔治威斯顿公司的界定如下：

The role of the Board is to provide governance and stewardship to George Weston Limited. Its role is to review corporate strategy, assign responsibility to management for achievement of that strategy, establish limitations on the authority delegated to management, and monitor performance against approved objectives. In fulfilling this role, the Board regularly reviews management's strategic plans so that they continue to be responsive to the changing business environment in which the company operates.

The Board oversees Weston's approach to corporate governance, succession planning, risk management activities, internal control over financial reporting, disclosure controls and procedures, and information systems to ensure that we accurately and fairly report information to shareholders, other stakeholders and the public.

In addition, the Board is required to appoint corporate officers, and ensure the integrity, ethical and legal conduct of senior management and the company as a whole.

董事会的作用就是对乔治威斯顿公司进行监管和治理。它的主要作用包括评估企业的战略，为实现此战略而将责任分配至管理层，对管理层的权力进行限制，并且根据企业目标进行绩效监管。为了全面发挥这一作用，董事会需要定期评审管理战略规划以使它们能持续应对公司运营时不断变化的业务环境。

　　董事会对威斯顿公司进行如下监督：公司治理方法、继任规划、风险管理活动、财务报告内部调控、信息披露控制与程序以及信息系统，其目的是确保我们准确、清楚地将信息报告给股东、其他利益相关者和公众。

　　此外，董事会须委任公司主管，确保高级管理人员能够展现诚实、守道德和合法的行为，并且还要确保公司的统一。

　　对于审计委员会的职能及其运作，乔治威斯顿公司的界定如下：

All members of the Audit Committee are independent and financially literate as required under applicable securities law rules. The Audit Committee is responsible for supporting the Board in overseeing the integrity of the Corporation's financial reporting and internal controls over financial reporting, disclosure controls, internal audit function and its compliance with legal and regulatory requirements.

　　The Audit Committee's responsibilities include:

（1）recommending the appointment of the external auditor;

（2）reviewing the planning and execution of the audit by the external auditor;

（3）reviewing the independence of the external auditor;

（4）considering and evaluating with management the adequacy and effectiveness of internal controls over financial reporting and financial disclosure controls and reviewing any proposed corrective actions;

（5）reviewing and monitoring the Corporation's policies relating to ethics and conflicts of interests of officers and employees;

（6）overseeing procedures for the receipt, retention and follow-up of complaints regarding the Corporation's accounting, internal controls and auditing matters and the confidential anonymous submission by employees of concerns regarding such matters;

（7）reviewing and monitoring internal audit services of the Corporation;

（8）reviewing the integrity of the Corporation's management and information systems;

（9）reviewing and approving the audit fees paid to the external auditor and pre-approval of non-audit related fees to the external auditor;

（10）discussing and reviewing with management and the external auditor the Corporation's annual and interim consolidated financial statements, key reporting matters and Management's Discussion and Analysis and Annual Information Form;

（11）reviewing disclosure containing financial information based on the Corporation's financial statements;

（12）reviewing with management the principal risks of the Corporation's business and the systems and processes implemented to manage these risks.

审计委员会的所有成员均需符合证券法之规则所要求的独立及财务素养。审计委员会负责支持董事会监察本集团财务报告之完整性，并且对财务报告、披露管制、内部审计职能及遵守法律及管理要求进行内部控制。

审计委员会的职责具体包括：

（1）推荐任命外部审计师；

（2）审核外部审计师的审计计划和执行情况；

（3）审查外部审计师的独立性；

（4）权衡并评估管理层对于财务报告及财务披露的内部控制是否充分及高效，并审查建议的纠正措施的实施状况；

（5）检讨及监察由于管理人员及员工的道德及利益冲突而产生的相关公司政策；

（6）监督有关公司会计、内部控制、审计事项，以及员工对此类事项的保密匿名提交的接收、保留和投诉跟进的相关程序；

（7）审查和监督公司的内部审计服务；

（8）审查公司的管理和信息系统的完整性；

（9）审查和批准支付给外部审计师的审计费用，以及给外部审计师非审计费用的预先核准的审计费用；

（10）与管理层和外部审计师讨论和审查公司的年度和中期合并财务报表，主要报告事项以及《管理层的讨论、分析和年度信息表》；

（11）根据公司财务报表审查包含财务信息的信息披露；

（12）与管理层共同审查公司业务运营的主要风险，以及应对这些风险的系统和流程。

对于管理、人力资源、任命及薪酬委员会的职能及其运作，乔治威斯顿公司的界定如下：

The Governance Committee is responsible for overseeing the compensation of directors and executive officers. The Governance Committee is also responsible for developing and maintaining governance practices consistent with high standards of corporate governance. As part of its mandate, the Governance Committee identifies and recommends candidates for nomination to the Board as directors, monitors the orientation program for new directors and maintains a process for assessing the performance of the Board and its Committees as well as the performance of individual directors. The Committee also oversees succession planning for the Corporation's senior employees.

The Governance Committee's specific responsibilities include:

（1）identifying candidates for membership on the Board and evaluating the independence of the directors;

（2）assisting in directors' orientation and assessing their performance on an on-going basis;

（3）shaping the Corporation's approach to corporate governance and recommending to the Board the corporate governance principles to be followed by the Corporation;

（4）discharging the Board's responsibilities relating to compensation and succession planning for the Corporation's senior executives;

（5）determining the process for the compensation of directors and executive officers.

理委员会负责监督董事及行政人员的薪酬。管理委员会亦负责发展及维持符合公司管治高标准的管治常规。作为其使命的一部分，管理委员会确定推荐提名董事会之董事候选人，监督新董事培训和参与评估董事会及其委员会的绩效以及个别董事履职的过程。委员会亦负责监察公司高级雇员的继任计划。

管理委员会的具体职责包括：

（1）确定董事会成员资格并评估董事的独立性；

（2）协助董事的定位，并持续评估他们的表现；

（3）打造公司管理方法并向董事会推荐公司应遵循的公司管理原则；

（4）履行董事会关于公司高级管理人员薪酬和继任计划的职责；

（5）确定董事及行政人员薪酬的相关过程。

对于退休金委员会的职能及其运作，乔治威斯顿公司的界定如下：

（1）reviewing the performance of the Corporation's and its subsidiaries' pension plans and pension funds;

（2）reviewing and recommending managers for the fund's portfolio;

（3）reviewing the performance of pension fund managers;

（4）reviewing and approving the assumptions used, the funded status and amendments to the Corporation's and its subsidiaries' pension plans.

（1）审查公司及其子公司的退休金计划及退休金基金的表现；

（2）审查并推荐基金经理的投资组合；

（3）审查退休金基金经理的表现；

（4）审查及批准所使用的预测，资助状况及修订本公司及其附属公司的退休金计划。

对于环境、卫生和安全委员会的职能及其运作，乔治威斯顿公司的界定如下：

The Environmental, Health and Safety Committee is responsible for reviewing and monitoring environmental, food safety and workplace health and safety policies, procedures, practices and compliance.

环境、卫生和安全委员会负责审查和监测环境、食品安全和工作场所的健康与安全政策、程序、做法和遵守情况。

1.6.2　乔治威斯顿公司企业管理可以借鉴之处

乔治威斯顿公司的企业管理有很多可圈可点的地方，但是给人印象最为深刻的还是其多委员会管理的模式，这事实上是大型公司为了确保企业的稳定发展与可持续成长必须要采纳的管理方式之一。

企业不同，管理方法不同，但是管理之道可以相通。青岛鑫光正钢结构股份有限公司经过多年的发展和论证，也探索出了一条委员会管理的路径。在青岛鑫光正钢结构股份有限公司的组织架构当中有两个常设委员会，一个是决策委员会，一个是管理委员会。顾名思义，决策委员会是最核心的领导机构，它负责公司重大事项的决策和设计；管理委员会吸则纳所有的高层领导和各单位的主要负责人，全面管理企业的日常事务。在两个委员会之下只设一个总裁办公室，不再有任何其他职能部门，所有职能部门的工作完全纳入总裁办公室。此外，在管理委员会的外围分布着集团企业的各个子公司和事业部，各个子公司之外还有孙子公司，从而形成了一个环形组织结构，替代了常规的金字塔形、矩阵形或者扁平形组织架构设计。

青岛鑫光正钢结构股份有限公司的组织架构设计所强化的就是委员会管理的模式，它解决了企业管理过程当中普遍存在的三大难题：①如何通过各个部门的协调与配合而确保企业决策的高效执行；②如何切实发挥每一个人员的智慧以形成企业发展的强大合力；③如何解决人人可以创造价值，人人可以服务于他人的认识和动力问题。

回头再看乔治威斯顿公司的委员会管理模式，这也是一种高效率的设计，而且从其委员会的设置上还可以反映出这家公司的很多发展理念，如重视战略管理的理念，重视社会责任的理念，全过程重视员工利益的理念，尊重和保护环境的理念，重视稳定和审慎发展的理念，重视人才的发展理念，重视领导力培养的理念等。事实上，能够把企业发展理念融入企业的管理架构当中是一种聪明之举，多数企业想做却做不到这一点。

基于乔治威斯顿公司和青岛鑫光正钢结构股份有限公司的委员会管理模式的分析可以得出一个结论，即对于那些有一定规模的企业而言，为了确保企业重大事项的协同，以及企业可以有广度的发展，应该考虑采用委员会管理的模式。当然，对于有些企业而言，像乔治威斯顿公司和青岛鑫光正钢结构股份有限公司那样全面实行委员会管理模式有一定的难度，它需要企业家有一个认知的过程，需要企业从总体上精心设计委员会的职能，需要从源头上解决好各层级人员的利益分配问题等。但是这些企业可以采用逐渐推进的方式，先成立若干委员会。

这些委员可以是注重专业分工的，如"绩效管理委员会"、"团队领导委员会"和"企业文化管理委员会"等以提升执行力为目标；也可以是注重战略的，如"企业战略管理领导委员会"，以完成企业的"战略谋划"和"战略运行"为目标；也可以参考乔治威斯顿公司的设计，有选择性地成立审计委员会，管理、人力资源、任命及薪酬委员会，退休金委员会，环境、卫生和安全委员会等重视职能分工的委员会。

成立什么样的委员会需要不同的企业依据自己企业的特点和需求而定，这是方式选择的战术问题，而能否采用委员会模式进行管理则是战略性的问题，它可以决定企业发展的眼界和速度。

此外，在采用委员会模式管理企业的时候，所有的企业都应该避免陷入如下几个误区：

（1）委员会管理要解决的是权力制约与平衡问题。

这不是采用委员会管理的主要目的，事实上，委员会管理要解决的是让权力更大化地发挥，以及与更大化的利益密切联动的问题，而不仅仅是解决权力制约与平衡的问题。

（2）委员会管理要解放的是企业家与企业高管。

虽然采用委员会管理模式可以充分发挥集体的智慧，让企业家和企业高管们有更多的时间去思考战略性的布局，但这不等同于企业家因此就无事可做，也不代表企业家和企业高管们就不参与各个委员会的工作，事实上他们依然是各个委员会管理过程当中的主导力量。

（3）企业所有的职能都要归入不同的委员会当中。

委员会管理是因需而生的，有些职能非常具体，不需要多个部门协同，因此也就无须归入相应的委员会当中进行管理。

（4）不同的委员会之间必须保持相对独立的关系。

事实上，各个委员会之间必须要保持的是有机互动关系，甚至有的是领导与被领导的关系，而不是彼此之间没有关系。

（5）既然要成立委员会，那就多多益善。

成立多少个委员会取决于企业发展的需求和企业的规模，而不是成立得越多就越好。例如，在青岛鑫光正钢结构股份有限公司的组织架构当中就只有两个委员会，一个是决策委员会，一个是管理委员会，在其发展的当下过程中，这两个委员会已足够。

第2章　加拿大鲍尔集团的企业文化与企业管理

本章要介绍和分析的是加拿大第三大公司，即加拿大鲍尔集团的企业文化与企业管理。加拿大鲍尔集团是一个有着近百年发展历史的多元化国际管理控股公司，有独特的企业发展理念和独具特色的组织管理架构，经营着包括金融服务和通信在内的多元化的业务。

与第1章相同，本章也是分为六节。

2.1节介绍加拿大鲍尔集团的基本情况及其在营业收入和利润水平方面与前一家企业，即与乔治威斯顿公司的对比，此外还介绍加拿大鲍尔集团在经营时所持有的基础性认知。

2.2节至2.4节系统地介绍加拿大鲍尔集团企业文化当中"精神文化"的相关内容。只不过在"精神文化六要素"当中，第1章所介绍的乔治威斯顿公司重点关注的是企业使命、企业愿景和企业价值观体系三个方面；而本章所介绍的加拿大鲍尔集团则只关注企业理念这一个方面，精神文化其他方面的内容被融入三个重要的企业理念当中。这说明，对企业理念的重视是加拿大鲍尔集团在企业文化管理方面的一个特色。

其中，2.2节介绍和解读加拿大鲍尔集团的责任管理理念和两位企业领导对该理念的解读，以及基于该理念加拿大鲍尔集团所提出的企业社会责任和环境、社会与管理两个体系的内涵。

2.3节介绍和解读加拿大鲍尔集团的多样性理念，并结合美国与英国杰出公司对该理念的认识来分析一家企业尤其是大型跨国企业坚持多样性理念的原因和做法。

2.4节介绍和解读加拿大鲍尔集团的员工管理理念，并结合美国与英国杰出公司对该理念的认识来解读"能够创造价值的伟大公司之特点在于它们可以吸引和留住人才并为他们提供多样化的发展空间"这一核心思想的内涵。

2.5节介绍和解读加拿大鲍尔集团的"业务行为准则与道德规范"，以及业务行为准则的实施、报告机制、履行责任、负责主体四个方面的详细内容。

2.6 节介绍和解读加拿大鲍尔集团的企业管理经验,尤其是重点分析其强化战略性管理的四点内容,即强化企业董事会的作用与管理、强化企业社会责任、强化积极所有权和加强风险管理。

2.1　加拿大鲍尔集团企业基本情况介绍

加拿大鲍尔集团成立于 1925 年,是一个多元化的国际管理控股公司,主要业务涉及金融服务、通信以及其他行业。加拿大鲍尔集团在 2014 年的世界排名是第 425 位,2015 年大踏步前进到了第 298 位,在一年当中进步了 127 名,成绩相当可观。加拿大鲍尔集团在 2015 年的营业收入为 $38\ 601 \times 10^6$ 美元,利润收入为 $12\ 001 \times 10^6$ 美元。加拿大鲍尔集团的营业收入和利润水平与前面的乔治威斯顿公司形成了强烈的对比。乔治威斯顿公司的营业收入为 $39\ 769 \times 10^6$ 美元,比加拿大鲍尔集团要多出 $1\ 168 \times 10^6$ 美元,可是它的利润收入只有 114×10^6 美元。乔治威斯顿公司比加拿大鲍尔集团差了足足有一百多倍。

造成乔治威斯顿公司和加拿大鲍尔集团在利润收入上形成如此巨大差别的原因有很多,如乔治威斯顿公司是一个劳动密集型的企业,而加拿大鲍尔集团是一个资本密集型的公司;乔治威斯顿公司经营的是传统行业,而加拿大鲍尔集团发展的是新兴行业;乔治威斯顿公司在单一行业里耕耘,而加拿大鲍尔集团在多元行业里谋利;等等。

在这众多的原因当中有一个是极为重要的,那就是行业选择的不同决定了企业利润水平的高低。从世界范围内看,金融行业的利润水平存在普遍偏高的问题,中国的银行是这样,加拿大的银行是这样,其他国家的银行也是这样。在 2016年福布斯与财富杂志共同组织的世界五百强两个排名当中,其中一个排名里排在前四位的都是中国企业,而且都是中国的国有银行企业。其中,中国工商银行排在第一位,中国建设银行排在第二位,中国农业银行排在第三位,中国银行排在第四位,中国四大国有商业银行包揽了世界最赚钱企业的前四名,这就十分深刻地说明了以上问题。

银行业利润偏高的事实上压低了实体企业的收入水平,首先这样的发展格局是不公平的,其次也不利于实体企业的进步并且创造更多的就业机会。此外,很多国家偏重于发展金融服务业而忽视了实体经济,一旦世界经济有什么风吹草动,这些国家首当其冲要受牵连。而重视实体经济的德国在欧洲的表现则十分抢眼,一枝独秀;实业家出身的美国总统特朗普执政美国让制造业回归也是参透了这个道理。

以上所论只是由乔治威斯顿公司和加拿大鲍尔集团的比较而引起的一点思考而已，绝对没有任何贬损加拿大鲍尔集团的意思。事实上，加拿大鲍尔集团是一家相当优秀的企业，它的进步如此之快并不只是因为它选择了一个成长空间很大的行业，在这个行业里的企业多如牛毛，但是像加拿大鲍尔集团发展得如此成功的企业却不多见。加拿大鲍尔集团的成功与它的企业管理和企业价值观之间关系密切，以下两点可以说明这个问题：

（1）Enhance shareholder value by actively managing operating businesses and investments which can generate long-term, sustainable growth in earnings and dividends.

（2）Value is best achieved through a prudent approach to risk and through responsible corporate citizenship. Power Corporation aims to act like an owner with a long-term perspective and a strategic vision anchored in strong core values.

（1）股东价值可以通过积极管理、业务经营和投资来提高，这些方式可以产生长期、可持续增长的盈利和股息。

（2）价值最好能够通过谨慎地面对风险和负责任的企业公民角色来实现。鲍尔集团的目标是成为一家能够从长计议，拥有战略眼界的公司，而这种战略眼界要以强大的价值观作为基础。

2.2　加拿大鲍尔集团的责任管理理念及其解读

2.2.1　加拿大鲍尔集团的责任管理理念

在《4S 企业文化与 7P 绩效管理及其互动影响研究》一书当中，作者建构了一个"4S 企业文化体系"，这一体系将企业文化的内容分成表象文化、精神文化、亚文化和在生成文化四个层次。其中表象文化又包括物质表象文化、行为表象文化、制度表象文化三个方面；精神文化包括企业使命、企业愿景、企业宗旨、企业核心价值观、企业精神和企业理念六个要素；亚文化包括分公司亚文化、子公司亚文化、部门亚文化、团队亚文化和小组亚文化五个方面；在生成文化包括未界定的亚文化、未确定的精神文化和新引进的企业文化三个方面。

上述是企业文化的一个全景图，在此列出的目的是帮助读者看清企业理念在整个企业文化体系当中的位置，这对理解加拿大鲍尔集团的企业文化管理特色有着重要的帮助。

在《美国杰出公司企业文化研究》所选择的十家美国杰出公司当中，多数企业比较集中重视的企业理念有多样性理念、员工理念、企业战略发展理念、创新发展理念、统一理念和文化优先理念等。在《英国杰出公司企业文化研究》所选择的十家英国杰出公司当中，多数企业比较集中重视的企业理念有多样性理念、员工理念、企业战略发展理念、创新发展理念与工作与生活平衡理念，以及其他方面的一些理念等。

在上述二十家美英杰出公司当中，少见有企业关注责任管理理念，而加拿大鲍尔集团却把它视为企业发展的第一理念和最为重要的理念，由此可以看出该公司的企业文化与其他美英企业有所不同。

为了更好地理解加拿大鲍尔集团所坚持的责任管理理念，可以参阅其董事长、联合首席执行官保罗（Paul Desmarais, Jr.）和副董事长、联合首席执行官安卓（André Desmarais）共同做出的一个致辞，它的题目就是"鲍尔集团：以责任管理为核心"。

两位企业家关于责任管理理念的致辞具体内容如下：

The first responsibility of business is to be profitable and sustainable. We have also long believed that business must also play a role within the broader society in which it operates. Our responsible management philosophy is fundamental to our business success, enabling us to mitigate risk, create long-term value and earn the confidence of our customers, business partners, shareholders, employees and the communities where we operate.

To manage Power Corporation and its various interests in a responsible fashion is an imperative that we both hold dear. We seek investments in companies that have sustainable business models with the potential over time to provide long-term value. These companies must have a track record of treating their employees fairly and of providing opportunities for advancement. They must demonstrate the highest of ethical standards and integrity. And they must understand the need to protect the environment, create social well-being and quality of life, and contribute to economic prosperity. This is the essence of responsible management. It is not merely the right thing to do socially; it is the right thing to do from a business perspective — something that has been proven time and again.

We take an active ownership approach in the companies in which we invest to ensure that our investments continue to be managed in a manner consistent with our responsible management philosophy, including our Code of Business Conduct and Ethics, our CSR Statement and our commitment to the United Nations Global

Compact.

We have launched this website as a means of publicly documenting and disclosing our responsible management commitments, programs and performance. You will see examples throughout this website of how responsible management allows us to generate long-term value and sustainable growth. By upholding the principles and values that responsible management demands, we are confident that our investments have robust business models, that we have excellent relationships with our stakeholders and, most importantly, that we have the potential to create sustained earnings year after year for Power Corporation's shareholders, while contributing to the broader good of society at large — certainly the hallmark of any successful, sustainable business.

企业的首要职责就是盈利和可持续性地发展。但是长期以来，我们也相信企业必须在更广泛的社会生活中发挥作用。责任管理理念是我们业务成功的基础，它使我们可以降低风险、创造长期价值，并赢得客户、业务合作伙伴、股东、员工及业务经营所在社区的信心。

以一种负责任的方式管理鲍尔集团及其各种收益势在必行，这是我们与合作方都很在意的一点。我们寻求有持续发展商业模式的公司进行投资，这些公司具有随着时间的推移创造长期价值的潜力，而且能够始终如一地公平对待员工并为其晋升提供机会。我们要合作的公司必须展现出最高的道德标准和诚信，深谙保护环境、创造社会福利、提高生活质量和促进经济繁荣的必要性。这就是责任管理的本质，无论是从社会角度还是从商业角度来看这都是被反复证明了的放之四海而皆准的道理。

我们采取积极所有权方式进行投资，以确保我们的投资一如既往地与我们的责任管理理念一致，此责任管理理念同时要符合业务行为准则和道德规范、全国企业社会责任声明和联合国全球契约的要求。

我们已推出一个网站来公开记录和展现我们在责任管理方面所付出的努力、经营的项目和取得的成效。在这个网站您将看到很多范例，这些例子证明责任管理可以促使我们创造长期价值并获得可持续性增长。我们信心十足地坚持责任管理的原则和价值观，投资商业模式强大，与利益相关者相处融洽，最重要的是，我们具有连年为股东创造盈利的潜力，同时对整个社会都更加大有裨益，当然这些应是所有成功并可持续发展企业的共同特质。

通过该致辞，读者可以领会到加拿大鲍尔集团为什么要坚持责任管理理念，以及通过什么样的方式来坚持责任管理理念和坚持责任管理理念以后会给企业带来什么样的益处这三个关键性的问题。

梳理两位企业家的致辞，可以从中提炼出几个关键的思想以供其他企业进行参考：

（1）从整体视角上看，企业必须在更广泛的社会生活中发挥积极的作用，这样做不只是企业回报社会那么简单，也不是在为企业添加负担，它其实是企业可以持续地赢得社会支持的重要保证，而这种保证是企业可以持续成功的前提。"我们信心十足地坚持责任管理的原则和价值观，投资商业模式强大，与利益相关者相处融洽，最重要的是，我们具有连年为股东创造盈利的潜力，同时对整个社会都更加大有裨益，当然这些应是所有成功并可持续发展企业的共同特质。"

（2）从具体的角度看，注重责任管理理念是企业业务成功的基础，它的潜在价值是可以帮助企业降低风险，它的内在价值是帮助企业创造长期收入，而这一切都来自于企业因注重责任管理而赢得的客户、股东、员工及业务经营所在社区的信心，它是企业可以持续发展的最强大的动力。

（3）注重责任管理理念不仅可以帮助企业赢得更多的合作伙伴，而且还可以帮助企业长期拥有这些合作伙伴。

（4）注重责任管理理念的企业应该寻求用同样理念指导企业发展的公司进行合作，具有正向力量的理念上的相同会帮助双方企业建立最为持久的合作、共赢关系。"我们寻求有持续发展商业模式的公司进行投资，这些公司具有随着时间的推移创造长期价值的潜力，而且能够始终如一地公平对待员工并为其晋升提供机会"，"我们要合作的公司必须展现出最高的道德标准和诚信，深谙保护环境、创造社会福利、提高生活质量和促进经济繁荣的必要性"。事实上，这些能够展现最高道德标准的企业拥有随时可以获得信任的强大能力，它为社会所做的一切都将变成自身无尽的发展资源。

很多企业都在提"社会责任"的口号，但是对于大部分的企业而言，往往"只听楼梯响，不见人下来"，这说明它们还没有真正理解坚持责任管理的内涵和价值所在，也没有处理好"施"与"受"、"舍"与"得"之间的先后关系。可是，加拿大鲍尔集团却不相同，其之所说就是其之所做，而且其是真心地在做，在企业管理与运营的方方面面都在体现责任管理的思想。同时，责任管理思想又是一脉相承、一以贯之、潜移默化的，在后面的几节内容当中，责任管理思想被频繁提及。当然，加拿大鲍尔集团之所做又实实在在地给其带来了好处，这让我们可以猜见其于2015年在福布斯世界排行榜五百强名单上跃升了一百多位的部分原因。

2.2.2　加拿大鲍尔集团的企业社会责任和环境、社会与管理及其内涵说明

除了在前面两位企业家致辞当中提及的各种措施和要求以外，为了全面

体现公司责任管理理念，加拿大鲍尔集团还建构了一个企业社会责任体系，并在实际的运营过程当中纳入了环境、社会与管理的因素，也就是三个方面的因素。

下面首先看一下其企业社会责任声明，即 CSR Statement：

Power Corporation is a management and holding company with diversified interests in Canada and abroad. Responsible management has long been an intrinsic corporate value at Power Corporation and is a constant priority that we believe is essential to long-term profitability and value creation.

The Corporation has a deeply rooted tradition of acting in a responsible and ethical manner, and of being actively and positively present in the communities where it is established. This Corporate Social Responsibility Statement (the CSR Statement) reflects the core values that have guided, and continue to guide, Power Corporation.

The objective of this CSR Statement is to provide guidance to our investment professionals at the holding company, facilitating their consideration of potential corporate social responsibility issues when investments are made.

As part of our active ownership approach, we engage with senior management of our portfolio companies, both formally and informally, on a regular basis and when questions or issues may arise, through our representation on their respective boards. In all of these interactions, we have an open and constructive dialogue in order to ensure that we have a proper understanding of how the management teams of our portfolio companies manage corporate social responsibility in a manner consistent with our core values.

We invest in companies that share the same philosophy and commitment to acting responsibly and ethically, and to serving the larger community in general. Building on their strong foundation of corporate social responsibility, our major operating subsidiaries are responsible for developing their own policies and programs, specific to their circumstances.

鲍尔集团是一家拥有加拿大和海外业务的多元化利益管理控股公司。长期以来，责任管理一直是鲍尔集团固有的企业价值，是我们始终如一的重中之重，是我们获得长期盈利和创造价值的首要条件。

公司有一种根深蒂固的传统，即以负责守德的方式做事，积极正面地运营公司。企业社会责任声明（CSR 声明）是我们核心价值观的体现，这些价值观一直引导着鲍尔集团，并将继续引导鲍尔集团不断前行。

鲍尔集团社会责任声明的目的在于为控股公司的投资专业人士提供指导，促使其在投资时考虑到潜在的企业社会责任问题。

作为积极所有权方式的一部分，我们与投资组合公司的高级管理人员以各自董事会代表的形式定期或是在出现问题时，进行正式或非正式的磋商。在互动过程中，我们进行开放和建设性的对话，以确保我们正确理解投资组合公司管理团队管理企业社会责任的方式，并使之符合我们的核心价值观。

我们投资于理念相同、承诺负责守德做事、并致力于为更广泛的社会大众而服务的公司。基于强大的企业社会责任基础，我们集团主要运营子公司可根据具体情况制定相应的政策与计划。

这份企业社会责任声明对于加拿大鲍尔集团来说，既是一份宣示，也是一份承诺，更是一份要求。

所谓宣示是面向合作者的一种表态。

所谓承诺是面向公众给自己提出的一个要求。

所谓要求是希望合作伙伴能够给出同样的承诺，即加拿大鲍尔集团将永远严格坚守企业社会责任，不能够严格坚守企业社会责任的公司将不允许与加拿大鲍尔集团进行合作。

加拿大鲍尔集团之所以这样做的原因和目的是"公司有一种根深蒂固的传统，即以负责守德的方式做事，积极正面地运营公司"，"长期以来，责任管理一直是鲍尔集团固有的企业价值，是我们始终如一的重中之重，是我们获得长期盈利和创造价值的首要条件"。

其次看一下其相关于环境、社会与管理的说明：

Corporate Social Responsibility is fundamental to the way we, and our group of companies, do business—what we refer to as responsible management. It has been at the core of our investment philosophy, enabling us to build a resilient and sustainable business, through our role as an investor, employer and contributor to the communities where we operate.

As a long-term and active investor, Power Corporation believes that value can be best achieved when environmental, social and governance（ESG）considerations are integrated into our investment process.

As part of our active ownership approach, we recognize that the effective management of ESG factors can have a positive impact on the Corporation's profitability, long-term performance and ability to create value in a sustainable manner.

We view responsible investing as a means to mitigate potential risks and identify valuable investment opportunities. Responsible investing ensures we invest in quality companies that have sustainable franchises and attractive growth prospects, and that are managed in a responsible manner.

企业社会责任是我们集团公司业务的基础——我们称之为责任管理。作为我们一以贯之的核心投资理念，它使我们集团业务生机勃勃并可持续发展，我们作为投资者、雇主和所在社区贡献者发挥作用使之付诸实现。

作为长期、积极的投资者，鲍尔集团认为只有在将环境、社会与管理（ESG）等因素纳入到投资过程中来，价值才能充分得以实现。

作为积极所有权方式的一部分，我们认识到，对 ESG 因素进行有效管理可对公司的盈利能力、长期绩效，以及源源不断地创造价值的能力产生积极的影响。

我们认为负责任的投资可以降低潜在的风险并发现有价值的投资机会，并且负责任的投资可以确保我们投资于具有可持续特许经营和发展前途光明的优质公司，并对其进行责任管理。

加拿大鲍尔集团所考虑的主要因素——环境、社会与管理的作用是对其坚持企业社会责任理念产生支持和支撑效果，关于这一点可以从如下环境、社会与管理的具体内容看出：

（1）环境因素

资源管理
可持续发展材料
气候变化
供应管理
生物多样性与保护

（2）社会因素

社会福利
卫生与安全
多元化与包容性
人权
劳资关系

（3）管理因素

道德与诚信
稳健的公司管理架构与实务
反腐败与反贿赂
董事会成员多元化

2.3　加拿大鲍尔集团的多样性理念及其解读

2.3.1　加拿大鲍尔集团的多样性理念

在加拿大鲍尔集团所重视的三大企业理念当中，"多样性理念"位居第二，它的主要内容如下：

We believe in having diversity on the Board, and in business in general, and will continue to strive in that direction. Diversity is important to ensure that the profiles of Board members and senior management provide the necessary range of perspectives, experience and expertise required to achieve effective stewardship and management of our business.

We are committed to increasing diversity on the Board, within senior management, and in our overall business. As part of this commitment, we recognize the important role of women in contributing to diversity of perspective in the Boardroom and senior management roles.

Our approach to diversity is linked to our mission and articulated through our Code of Business Conduct and Ethics and our Board and Senior Management Diversity Policy.

The Board's Governance and Nominating Committee is responsible for recommending to the Board candidates for Director nominations, and the Co-Chief Executive Officers of the Corporation are responsible for making senior management appointment decisions. As part of these responsibilities, we are committed to ensuring that the nomination and selection of candidates for Director and senior management roles is based on merit and in consideration of our diversity commitments.

As part of our nomination and selection process, we:

Consider candidates for both Director and senior management roles that are highly qualified based on their experience, education, expertise, judgment, personal qualities, and general and sector specific knowledge;Consider diversity criteria, among other relevant criteria, when determining the optimum composition and balance for the Board;Review potential candidates for both Director and senior management roles from a variety of backgrounds and perspectives, having in mind the Corporation's diversity objectives;In order to support the specific objective of gender diversity, ensure that appropriate efforts are made to include women in the list of candidates being considered for a Board position.

On an annual basis, the Governance and Nominating Committee of the Board, and the Co-Chief Executive Officers of the Corporation, will assess the effectiveness of the Director and senior management nomination and selection process, respectively, at achieving the Corporation's diversity objectives.

我们坚信董事会和业务多样性会使我们受益匪浅，所以我们将朝着这个方向不懈努力。多样性极为重要的原因在于它可以确保董事会成员及高级管理人员的构成涉及方方面面、不同经验和专业知识的人员，这有助于实现高效管理。

在高管层及整体业务中我们力求扩大董事会的多样性。作为承诺的一部分，在促进董事会和高管角色多样性方面，我们承认女性角色的重要性。

实现多样性的具体方法与我们的使命密切相关，和业务行为准则与道德规范及董事会、高管多样性政策息息相关。

董事会管理与提名委员会负责向董事会推荐候选人名单，并与集团联合首席执行官共同决定高级管理人员的聘任。我们有责任确保提名和选择董事及高管候选人是基于个人功绩及基于多样性承诺的原则进行的。

作为提名和筛选过程的一部分，我们根据其经验、教育程度、专业知识、辨别力、个人品性、常识及行业专业知识来考虑董事和高级管理人员候选人；在确定平衡的最佳董事会组成时，其他相关标准与多样性标准并行考虑；从不同的背景和角度，审查潜在董事和高级管理人员候选人时，要将公司的多样性目标铭记于心；为了实现性别多样性这一具体目标，考虑董事会某一职位名单时，一定要确保有女性候选人。

为实现集团多样性目标，董事会管理与提名委员会和公司联席首席执行官将每年评估董事和高级管理人员的提名及评选过程的有效性。

2.3.2　关于加拿大鲍尔集团多样性理念的解读及其与美英企业的比较

多样性理念是西方英语系主要大国尤其是美国杰出公司普遍重视的企业理念之一，甚至可以说是美国企业所看重的第一企业理念，在《美国杰出公司企业文化研究》当中所选择的十家企业里，有七家企业深入地谈到了这一理念，它们分别是埃克森美孚石油公司、雪佛龙公司、威森电信、波音公司、马拉松原油、富国银行和花旗集团。

多样性理念为什么如此重要呢？加拿大鲍尔集团对此的认识是"我们坚信董事会和业务多样性会使我们受益匪浅，所以我们将朝着这个方向不懈努力"，"多样性极为重要的原因在于它可以确保董事会成员及高级管理人员的构成涉及方方面面、不同经验和专业知识的人员，这有助于实现高效管理"。

另外，美国企业对于这个问题的看法类似，其中，埃克森美孚石油公司的前任总裁、美国现任国务卿蒂勒森（Rex W. Tillerson）曾经在一次致辞当中讲道："思想、技能、知识、文化的多样性和包容性使埃克森美孚石油公司更具竞争优势，更加富有弹性，更能驾驭复杂和不断变化的全球能源业务。每一天我们都要超越传统的参考框架，借助多样性发展独特的观点和应对每一个人面对的挑战以增强我们的力量。"他的讲话非常深入地揭示了"多样性理念"，对大企业尤其是跨国企业具有重要意义。

如何才能实现多样性呢？在这一点上，加拿大鲍尔集团的做法与美国企业的做法有所不同，美国的企业一般会从普通员工的多样性发展开始进行设计，而加拿大鲍尔集团的多样性则是首先从最高领导层开始设计，其认为这项工作的重点是确保董事会成员的多样性构成，"在高管层及整体业务中我们力求扩大董事会的多样性"。与此相对应的是，在具体的企业管理过程当中，首先是要确保合适的人选进入董事会，"董事会管理与提名委员会负责向董事会推荐候选人名单，并与集团联合首席执行官共同决定高级管理人员的聘任。我们有责任确保提名和选择董事及高管候选人是基于个人功绩及基于多样性承诺的原则进行的"，"为实现集团多样性目标，董事会管理与提名委员会和公司联席首席执行官将每年评估董事和高级管理人员的提名及评选过程的有效性"，"我们根据其经验、教育程度、专业知识、辨别力、个人品性、常识及行业专业知识来考虑董事和高级管理人员候选人"。

与多样性理念相辅相成的还有一个理念，即包容性理念，在加拿大鲍尔集团中的体现便是其一再强调对女性领导者的重视，"为了实现性别多样性这一具体目标，考虑董事会某一职位名单时，一定要确保有女性候选人"。而事实上，包容性理念所反映的平等与公正原则有着非常丰富的内涵，它的第一要义就是反对任何形式的歧视，这当然也包括针对女性的歧视。对此，美国的威瑞森电信公司要求在人员引进和工作过程当中，不得因种族、民族、出身、宗教、性别、性取向、残疾、退伍军人/军事地位和年龄等而有所区别对待，"我们是一个强大的公司，我们有包容一切的文化"。波音公司与威瑞森电信公司有着差不多一样的要求，即平等就业机会的政策禁止任何基础上的歧视，包括种族、肤色、宗教、国籍、性别、性取向、年龄、身体或精神残疾、遗传因素或军事/退伍军人身份等。在积极的行动方面，波音公司致力于采取积极措施，促进少数民族、妇女、残疾人和受保护的退伍军人的就业和进步。

根据以上分析可以得出一个结论，即同步考虑"包容性"的多样性理念才是真正意义上对多样化与多元化的尊重，这种尊重为企业带来的不只是正视公平的好名声，而且还会因此为企业带来更具价值的思想、技能、知识和文化的多样性组合。有了这种多样性作为保证，一家企业不仅可以获得受人尊重的资本，而且还可以获得持续成长的不竭动力。

2.4　加拿大鲍尔集团的员工管理理念及其解读

2.4.1　加拿大鲍尔集团的员工管理理念

除了非常重视责任管理理念和多样性理念以外，加拿大鲍尔集团也非常看重员工管理理念。而员工管理理念（或称为员工理念）是西方英语系主要大国的杰出公司都比较重视的又一个企业理念，它在多数企业当中的地位比肩于多样性理念。在《美国杰出公司企业文化研究》当中所选择的十家美国企业中特别强调员工管理理念的企业也有七家之多，它们分别是埃克森美孚石油公司、雪佛龙公司、威瑞森电信、JP摩根大通、波音公司、花旗集团和富国银行。而在《英国杰出公司企业文化研究》当中所选择的十家英国企业当中，非常重视员工管理理念的企业也有三家，它们分别是英国石油公司、乐购和英国森特理克集团。

加拿大鲍尔集团所理解的员工管理理念的具体内容如下所述：

As an employer and investor, we believe the hallmark of great, value-creating companies is their ability to attract and retain a talented and diverse workforce. Our responsible management philosophy guides the way in which we manage and develop our people and enables the growth of our group of companies. Such growth, we maintain, is driven by the quality, integrity and dedication of the directors, officers, financial advisors, and employees of our group companies.

We strive to create an environment where our people feel connected and supported, and where they can thrive both professionally and personally. Many of our group's workforce fulfill the role of trusted advisor to our customers, helping them address their financial and insurance needs. We hire individuals who are skilled at building these "relationships of trust" and creating bonds of professionalism and mutual respect. In turn, our group companies provide them with challenging and rewarding careers, give them the resources to develop their expertise and leadership skills, and support their volunteer efforts within the communities where we operate. We act on these imperatives because we believe that a well-balanced, involved and motivated workforce gives us a significant competitive advantage.

We are committed to building teams of truly exceptional people, individuals who represent diverse educational backgrounds, with a sound moral and ethical foundation. We work diligently to ensure that our group of companies' workforce is valued, supported and empowered to be successful both personally and professionally. We actively support a culture of development and performance and create flexible, balanced workplaces that recognize the value of diversity and personal well-being. These values and commitments are reflected in our Code of Business Conduct and Ethics. The Code provides guidance to our employees on how they should conduct our business activities. We reinforce these commitments and values through training and an ongoing dialogue.

Power Corporation's policies, commitments and people programs are overseen by the Vice-President, Human Resources and Administration. We have 45 full-time employees who work at our offices in Montréal, Toronto and Winnipeg. We are committed to their advancement through a focus on:

（1）talent development;

（2）employee engagement;

（3）diversity and inclusion;

（4）health, safety and well-being.

We also engage with our group companies on their people management strategies. Overall, we employ more than 38,000 people through our group of companies with operations mainly in Canada, the United States, Europe and China.

作为雇主和投资者，我们相信：能够创造价值的伟大公司之特点在于他们可以吸引和留住人才并为他们提供多样化的发展空间。责任管理理念指导我们如何管理和培训员工，并借由他们确保集团公司的不断发展。我们所拥有的这种发展是与董事、管理人员、财务顾问和集团公司员工的素质、诚信和奉献精神息息相关的。

我们竭尽所能地创造一个让员工可以感到彼此相互关联并且相互支持的环境，使其在专业和个性方面都能如鱼得水般地发展的环境。我们集团的许多员工不断发挥作用，成为顾客信赖的顾问，帮助顾客解决财务和保险方面的问题。我们聘请善于建立"信任关系"并能营造专业和互信纽带的人。集团公司相应地会为他们提供具有挑战性的和有价值的职位，为他们提供发展其专业知识和领导能力的资源，并支持他们在社区做志愿工作。我们坚持这些原则是因为我们相信均衡发展、积极投入的员工必然会成为我们强有力的竞争优势。我们竭尽全力去建设真正由优秀的人员和个体所构成的团队，他们拥有不同的教育背景和良好的道德伦理基础。我们就就业业地工作，以确保公司员工的价值得以发挥，工作得到支持，并获得个人和专业方面的双重发展。我们积极支持重视发展和绩效的文化，创造灵活与平衡的工作环境，并且认可多样性的价值和个人的福祉。这些价值观和承诺在我们的业务行为准则和道德规范中得以体现，该准则就员工如何开展业务活动提供指导。我们通过培训和持续对话来强化这些承诺和价值观。

鲍尔集团由副总裁、人力资源和管理部门负责制定政策、实施承诺和监管人才规划。在蒙特利尔、多伦多和温尼伯，我们有 45 名全职员工，我们在以下几个方面帮助员工提升：

（1）人才开发；

（2）员工敬业度；

（3）多样性与包容性；

（4）健康安全与幸福指数。

我们同时也十分关注集团公司员工管理策略。在加拿大、美国、欧洲和中国的集团业务中我们总共雇用了超过 38 000 多名员工。

2.4.2　关于加拿大鲍尔集团员工管理理念的解读及其与美英企业的比较

梳理以上所言之加拿大鲍尔集团的员工管理理念，再结合前文中所列举的部分美国和英国相关企业的论述，可以提炼三个关键的思想以供中国的企业进行参考。虽然此处所提炼的这三个关键思想其实并不是前沿性的理念，却是在员工管理过程当中最重要的也是最管用的三个指导思想，具体内容如下：

（1）任何一家企业都要建立起这样的信念，即伟大的公司之所以伟大是由于它能够为顾客和社会创造巨大的价值，而这些价值创造的源泉来自于公司全体员工的共同努力，所以说，对员工和人才的重视是任何一家企业应强调但不会过分的事情。针对这个思想，加拿大鲍尔集团的描述是："能够创造价值的伟大公司之特点在于他们可以吸引和留住人才并为他们提供多样化的发展空间。"

美国的雪佛龙公司对此的认识是："我们依靠强大的人力资源的力量去帮助我们寻找更新的资源，以更好和更清洁的方式为世界提供能源。"

美国的富国银行对此的认识是："我们赞同和支持把我们的员工视为公司的竞争优势。我们努力吸引、发展、保留和激励最有才华和最有爱心的团队成员在一起工作，在所有的业务和功能当中都把他们视为合作伙伴。在招聘的时候，我们真的不在乎有多少人知道，直到我们知道他们有多在乎。"

（2）任何一家企业对员工们的重视都应该自培养人才的能力和培训员工的

技能开始，即员工们的成长是一个系统工程，对此企业必须进行系统的管理，而在管理的过程当中加强对员工的培训工作是重中之重，这其中包含的最为主要的思想就是"先授之以渔，然后再让其捕鱼，最后再给之以鱼"。除此以外，借助培养和培训工作还可以培育人才和员工们对企业的感情，由此而形成的资源才是企业发展的真正动力。加拿大鲍尔集团对此的描述是："责任管理理念指导我们如何管理和培训员工，并借由他们确保集团公司的不断发展。我们所拥有的这种发展是与董事、管理人员、财务顾问和集团公司员工的素质、诚信和奉献精神息息相关的。"

针对这一点，英国石油公司的认识是："项目挑战你，人们激励你，培训发展你，英国石油公司为你提供成就有意义事业所需之一切。我们要建设更加强大、更具可持续能源未来的努力与我们培养可将这一切变为现实的员工的努力是密不可分的，所以我们要投资于员工发展，使其不但具备当下所需之专业技能，而且还要确保其具备长期从事让人具有满足感事业的能力。"

关于培训员工，埃克森美孚石油公司的做法是"为了确保在行业里技术领先的优势，我们百分之七十五的投资都投向了职业培训和技能培训"。

雪佛龙公司对培训员工的认识是"我们对人力资源进行投资，以加强我们组织的力量，并发展我们的全球员工，让他们用正确的方式去做正确的事情"。

在员工培养和培训方面，埃克森美孚石油公司和雪佛龙公司有三点共识，即员工的培养和培训工作很重要；员工的培养和培训工作必须与企业的绩效管理工作进行有机的对接；必须对员工进行全生命周期的培养和培训工作。

而美国的富国银行对此的认识是"我们基于态度聘请你然后会帮助你培训能力。我们为所有团队成员在他们的工作中取得成功提供所需要的工具和培训，我们希望他们对自己的业务和功能负责"。

（3）任何一家企业都要尽其所能地为员工施展才能构建合适的平台，并激励员工于工作过程当中力所能及地相互帮助。针对这个思想，加拿大鲍尔集团的描述是："我们竭尽所能地创造一个让员工可以感到彼此相互关联并且相互支持的环境，使其在专业和个性方面都能如鱼得水般地发展的环境"，"我们聘请善于建立信任关系并能营造专业和互信纽带的人。集团公司相应地会为他们提供具有挑战性的和有价值的职位，为他们提供发展其专业知识和领导能力的资源"，"我们积极支持重视发展和绩效的文化，创造灵活与平衡的工作环境，并且认可多样性的价值和个人的福祉"。

针对这一点，英国乐购公司的认识是："我们的员工每天都要为顾客服务，并销售我们的产品，因而我们在他们的工作当中提供最大限度的支持和个人成长空间就变得尤为重要。我们希望让所有的员工都可以以自己的成就为傲，并在践行顾客至上的工作理念时可以感受到强大的支持力量。"

　　针对这一点，埃克森美孚石油公司的认识是："全球化和多样化的工作环境可以为埃克森美孚石油公司带来巨大的竞争优势。我们创建和发展可以为员工提供个性化和专业化的职业发展环境，鼓励他们进步，努力去争取实现自己的职业目标和发展目标。"

　　"得人才者得天下"永远是企业经营的第一要义；"得人才真心工作者可以雄视天下"永远是企业管理的第一要义。基于这样一个指导思想和以上分析可以得出一个结论，即在企业文化建设与管理的过程当中应该始终把"员工理念与员工管理"放在一个突出的位置，重视它，努力做好它，然后企业就可以长足地进步和快速地发展。

　　JP摩根大通针对这个思想所做出的解读是："杰出的员工、强有力的领导和高效的治理是我们成功的基石。公司已经建立了很高要求的发展标准，在我们的领导与管理委员会的带领下，我们将会努力建构一个可以让所有的人都能保持诚实，感觉公平和愿意承担责任的工作环境。我们将持续评价和分析我们员工的绩效表现、领导力结构和治理模式以确保它们可以反应和支持我们一向坚持的企业发展标准，并且能够保守我们今天和明天为顾客、股东和社区努力服务的良好定位。"

2.5　加拿大鲍尔集团的业务行为准则与道德规范及其解读

　　包括表象文化、精神文化、亚文化和在生成文化四个方面内容的"4S企业文化体系"是"西方英语系主要大国杰出公司企业文化研究"系列论著的理论分析框架，其中的表象文化被划分为制度表象文化、物质表象文化和行为表象文化三个方面。

　　（1）制度表象文化产生的基础是特定公司的制度体系，对于每一个公司而言，大部分的制度文件是不会对外公开的，所以很难获取特定公司制度表象文化的研究资料。

　　（2）物质表象文化是一家企业最公开的表象文化内容，但是它的载体往往是现实可见的有形物质，因此要获得这类表象文化的研究资料就必须深入到企业去进行实地调研。

　　（3）行为表象文化又叫行为文化，虽然它也是由人的真实可见行为所反映的表象文化，但是因为人的行为会受到行为准则的支配和影响，因而只需要找到一家企业的行为准则就可以推断这家企业的行为文化。

　　通过研究美国、英国和加拿大的诸多杰出公司可以发现，在这些企业的网站上往往会公开其行为准则目录甚至是全部的内容，这是一种进步，也是一种自信的表现。

　　通过研究美国、英国和加拿大的诸多杰出公司之行为准则还有另外一个重要的发现，即有众多的企业将其行为准则与道德规范进行联系，从而使其公司的行为文化与企业伦理、社会责任、道德素养等紧密联系在一起，本章所研究的加拿大鲍尔集团就是这众多企业当中的一个。

　　针对这一点，加拿大鲍尔集团是如此描述的：

Our Code of Business Conduct and Ethics provides guidance in conducting our business activities in accordance with the highest legal, ethical and professional standards.

The Code of Business Conduct and Ethics (the Code) is approved by the Co-CEOs and the Board of Directors. It is made available to all our employees in both English and French and covers a broad range of topics, including compliance, responsible management, conflicts of interest, anti-corruption and anti-bribery, respect at work, human rights, and the environment.

　　我们的《业务行为准则与道德规范》是我们开展业务活动的指导，它与最高法律、道德和专业标准相一致。

　　此《业务行为准则与道德规范》（简称《准则》）是由联合首席执行官和董事会批准的，它适用于所有的员工，无论是说英语的员工还是说法语的员工。此准则涵盖广泛，包括应遵守的事项、责任管理、利益冲突、反腐败和反贿赂、工作场所相互尊重、人权和环境等方面的内容。

　　为了将《业务行为准则与道德规范》落实到位，加拿大鲍尔集团做出了四个方面的规定和解读：第一个方面是准则的实施；第二个方面是报告机制；第三个方面是履行责任；第四个方面是负责主体。

　　1. 准则的实施

　　加拿大鲍尔集团以 2014 年的工作为例，说明了企业上下应该如何实施其《业务行为准则与道德规范》，具体内容如下：

Each director, officer, and employee is provided with a copy of the Code and is required to sign an annual acknowledgement of compliance. In 2014, all our people acknowledged compliance with the Code.

The implementation of the Code is the responsibility of the Vice-President and General Counsel, who provides an annual report to the Audit Committee of the Board.

Furthermore, as part of our Code of Business Conduct and Ethics training sessions, we educate our employees on the application of our policies and procedures. In 2014, we provided a series of training sessions on the updated Code to our head office employees.

每位董事、管理人员及员工须备有该准则副本，并须签署年度承诺确认书。在2014年，所有员工都承诺了遵守此准则。

该准则由副总裁及总法律顾问负责实施，同时他们要向董事会中的审计委员会提供年度报告。

此外，作为"业务行为准则与道德规范"培训课程的一部分，我们教育员工如何遵守工作准则与工作规程。在2014年，我们对总公司员工进行了一系列最新准则的培训。

概括加拿大鲍尔集团实施《业务行为准则与道德规范》的措施，可以提炼出这样几条内容：人手一本《业务行为准则与道德规范》以备经常性地学习和使用；每名员工每年都要签订承诺书并以此来对照自己的行为；企业有专门的领导负责监督此项工作的执行；企业有规划并且有针对性地开展相关于此的培训工作。

2. 报告机制

报告机制也可以称为员工申诉制度，包括两个方面的功能：一是报告敏感事件；二是申诉不当处置行为。

以下是其报告机制的核心内容：

Mechanisms for seeking advice and reporting concerns can be directed to the appropriate supervisor, to the Vice-President and General Counsel, and to the Audit Committee of our Board. Confidentiality of reports made in good faith regarding alleged violations is maintained.

员工可以就一些敏感事件直接向适当的主管、副总裁、总法律顾问以及董事会审计委员会进行咨询或报告，鉴于可能存在的一些违规行为，所有报告将会被严格保密。

3. 履行责任

这里所说的履行责任是对前文中所提出的责任管理理念的呼应，是将企业社会责任变成公司具体的行为规定。

以下是其关于履行责任的描述：

In addition to complying with applicable laws and regulations and meeting ethical standards in accordance with its Code of Business Conduct and Ethics, Power Corporation strives to: incorporate environmental, social and governance issues into its investment analysis process and active ownership approach; support and respect the protection of internationally proclaimed human rights;minimize our environmental impact with a focus on continuous improvement; and make a positive contribution in the communities where the Corporation is established.

除了遵守与业务行为准则和道德规范相一致的适用法律法规和符合道德标准，鲍尔集团力求：将环境、社会与管理问题纳入其投资分析过程和积极所有权方式中来；支持和尊重国际人权宣言的保护；以持续改进为重点，尽量减少对环境的影响；在公司所在社区做积极贡献。

4. 负责主体

加拿大鲍尔集团为了高效地落实其《业务行为准则与道德规范》，专门设置了领导人员以及领导机构，并且非常清楚地界定了他们的职能与职责。

以下是其关于负责主体的描述：

Formal responsibility for Corporate Social Responsibility has been assigned to the Vice-President and General Counsel, who is responsible for overseeing the implementation of the Statement. Power Corporation reviews the implementation of this CSR Statement on an ongoing basis, as appropriate.

公司社会责任由副总裁和总法律顾问正式负责，他们负责监督企业社会责任声明的执行。鲍尔集团坚持因地制宜，核实社会责任声明的执行状况。

2.6　加拿大鲍尔集团的企业管理及其解读

对于企业管理，加拿大鲍尔集团所持有的态度如下：

We believe that sound corporate governance is essential to the well-being of our business and our ability to generate long-term sustainable returns. We are committed to the highest standards of governance.

我们相信健全的企业管理对于运营好企业，以及产生长期和可持续回报的能力至关重要，因此我们致力于最高标准的企业管理。

对于企业管理，加拿大鲍尔集团所采用的方法如下：

（1）强化企业战略性管理。

（2）保护员工权益。

（3）反对腐败。

在这三个方法当中，结合企业的经营与管理特点而强化其战略性管理的内容是其企业管理工作的重点，它也最能反映这家公司致力于追求最高标准企业管理的态度。

2.6.1　强化企业战略性管理

强化企业战略性管理的内涵就是要从企业的全局性和战略高度两个方面强化企业管理工作的重点内容，在加拿大鲍尔集团，这项工作被划分为四个方面，即强化企业董事会的作用与管理、强化企业社会责任、强化积极所有权和加强风险管理。

以上所说之四个方面的工作虽然各有偏重但又不是绝对独立的，它们之间相辅相成、彼此影响、相互促进、浑然一体，共同形成了促进企业战略性大发展的合力。

1. 强化企业董事会的作用与管理

在加拿大鲍尔集团看来，强化企业战略性管理的首要工作应该是强化企业董事会的作用，因为对于像这样的大型跨国企业而言，要想确保企业战略一直能够走在正确的方向上，就必须集合企业最高水平的智慧进行集体决策，而不能任由企业最高领导"拍脑袋上项目"，并做决定。

加拿大鲍尔集团的董事会成员构成有其自己的独特性，它对于董事会成员的管理非常严谨而且高效，具体内容如下：

Our Board of Directors is composed of 11 Directors, including eight independent non-executive Directors. There are currently two women on the Board. The Board is supported by four Board committees: Audit, Compensation, Related Party and Conduct Review, and Governance and Nominating.

Responsibility for CSR at the Board level is assigned to the Governance and Nominating Committee, whose responsibilities include: Oversee the Corporation's approach to governance issues; Recommend to the Board corporate governance practices consistent with the Corporation's commitment to high standards of corporate governance; Assess the effectiveness of the Board of Directors, of Committees of the Board and of the Directors; and Recommend to the Board candidates for election as Directors and for appointments to Board Committees.

The Governance and Nominating Committee of the Board is responsible for monitoring the composition of the Board and identifying potential board members taking into account a broad range of criteria. This includes skills and experience, independence, and diversity. In order to fulfill its responsibility, the Committee maintains a skills matrix to assist with reviewing the skills and experience of director candidates and of the Board as a whole. The matrix includes industry-specific and business experience, as well as other areas of expertise, such as public sector and corporate social responsibility, in order to ensure that the Board includes members with a broad range of complementary experience, knowledge and skills.

The Committee is also responsible for assessing the performance and effectiveness of the Board, Board Committees and individual Directors from time to time to ensure that they are fulfilling their respective responsibilities and duties. A general evaluation is conducted at least annually to assist in assessing the overall performance of the Board and the Board Committees in order to recognize areas for improvement. While the scope and focus of the review may vary from year to year, the review includes a confidential Board effectiveness survey, which is administered by our external legal counsel. The survey solicits feedback from the Directors on matters including the operation of the Board and its Committees, the adequacy of information provided to the Directors, Board structure and agenda planning for Board and Board Committee meetings. The aggregated, anonymous survey results are reviewed by the Governance and Nominating Committee and presented to the entire Board.

集团董事会由 11 名董事组成，其中 8 名为独立非执行董事，目前董事会中有两名女性董事。董事会由 4 个委员会组成，即审计委员会、薪酬委员会、相关方行为审查委员会以及管理与提名委员会。

在董事会层面，企业社会责任由管理与提名委员会负责，其职责包括：监督公司管理问题的方式方法；向董事会推荐符合公司高标准管理承诺的公司管理常规；评估董事会、董事会下设委员会以及董事的效能；推荐董事会候选人以及委员会委任名单。

董事会之管理与提名委员会负责监督董事会的组成并以宽泛的标准发掘

潜在的董事会成员，会综合考虑到技能、经验、独立性和多样性几个方面。为履行其职责，委员会辅以一种技能模型来考察董事候选人及整个董事会的技能和经验。这种模型涵盖特定行业业务经验，以及诸如公共部门、企业社会责任等其他专业领域，其目的是确保董事会包含具有广泛经验、知识和技能互补的成员。

此委员会亦负责不定期评估董事会、董事会委员会及个别董事的表现及绩效，以确保他们各司其职。每年至少进行一次综合性评估，以协助评估董事会及董事会委员会的整体表现，最终确认哪些方面亟待改善。尽管每年审查的范围和重点可能会有所不同，但都会由外部法律顾问进行机密委员会有效性调查。调查就董事会及其委员会的运作状况、董事会提供信息的充分性、董事会结构及董事会委员会会议日程规划等方面的反馈信息进行意见征询。调查结果匿名汇总后由管理与提名委员会提交整个董事会。

2. 强化企业社会责任

对于加拿大鲍尔集团而言，强化其企业社会责任是公司管理的一大特色，它的理论基础源自于前文中所分析的责任管理理念。因为公司非常看重这一工作，所以它也成为企业要强化的战略性管理内容之一。

正如前面所说，在加拿大鲍尔集团，虽然联席首席执行官在审批企业社会责任战略、绩效和报告中发挥积极作用，但企业社会责任是正式授予副总裁及总法律顾问的，他们是企业社会责任的带头人。这些带头人的职责及其工作活动如下所述：

The CSR Lead is responsible for executing our CSR strategy, engaging with stakeholders and providing performance reports to the Governance and Nominating Committee. Through the oversight of the CSR Lead, we also meet regularly with our group companies to align our commitments and share knowledge on CSR initiatives.

Progress reports on our CSR initiatives are provided annually to the Governance and Nominating Committee, or more frequently if deemed material.

企业社会责任带头人负责执行企业社会责任战略，与利益相关者磋商并向管理与提名委员会提供业绩报告。通过对企业社会责任带头人的监督，我们也定期与集团公司会晤，以确保大家明了企业社会责任具体举措是否符合我们的承诺。

每年企业社会责任活动的进度报告都会提交给管理与提名委员会，如需指定材料，报告的频率会更高一些。

3. 强化积极所有权

作为一个大型的跨国投资公司,加拿大鲍尔集团特别看重积极所有权的设计,这是其企业经营的另外一个重要特点,所以也被设定为企业要强化的战略性管理内容之一。具体描述如下:

As an active owner of the companies in which we invest, we strive to ensure that our governance practices preserve and enhance shareholder value in a manner consistent with our responsible management philosophy.

By having our executives sit on the boards of our portfolio companies, we exercise active ownership through regular engagement with their senior management. This governance model, which has been developed over a long period of time, allows us to ensure that our investments are being managed in a manner consistent with our responsible management philosophy, including our CSR Statement and our Code of Business Conduct and Ethics.

作为所投公司的积极所有者,我们致力于以符合责任管理理念的方式去确保我们的管理实践能够保持并且提高股东的价值。

我们通过两种方式积极行使能动的所有权,即高管列席投资组合公司的董事会,并定期参与其高管会议。这种管理模式历经很长时间最终才得以形成,它可以确保我们的投资管理方式与我们的责任管理理念、企业社会责任声明以及业务行为道德准则相统一。

4. 加强风险管理

作为一个大型的跨国投资公司,加拿大鲍尔集团每天要面对大量的投资风险,这同时也是其企业经营的一个显著特点,所以加强风险管理工作也自然成为其企业要强化的战略性管理内容之一。具体描述如下:

We view responsible management, and all that it entails, as an effective means to mitigate risk and as a catalyst for long-term value creation.

At the Power Corporation level, the Board has the overall responsibility for monitoring the implementation and maintenance by management of appropriate policies and controls to manage risks. Each Committee of the Board also has general oversight responsibilities for risk management, focusing on the specific risks related to the Committee's respective mandates. Responsibility for addressing risks related to CSR is assigned to the Governance and Nominating Committee of the Board. CSR risks and opportunities are reviewed annually by the Committee through the CSR updates provided by the Vice-President and General Counsel.

As a holding company, one of our main risks is associated with being a significant shareholder in our subsidiary operating companies. To mitigate these risks, officers of Power Corporation sit on the boards and board committees of our subsidiaries, and therefore participate in the oversight function at these companies.

Our prudent risk culture is firmly embedded in the core competencies and responsibilities of our investment teams, which includes having in place processes to proactively identify, assess, and manage risks. These processes include the Corporation's standard due diligence procedures, which enable us to take a precautionary approach to risk management.

我们认为责任管理及它所蕴含的一切内涵，是降低风险的有效手段，同时也是创造长期价值的催化剂。

在鲍尔集团公司层面，当进行风险管理时，董事会全面负责监管相应政策和管控的实施与维持。与此同时，董事会的每一个委员会也对风险管理负有综合监督责任，专门负责与委员会各自任务相关的具体风险管理工作。董事会管理与提名委员会负责解决与企业社会责任相关的风险责任。每年委员会对副总裁和法律总顾问所提供的最新企业社会责任风险与机遇报告进行审查。

作为控股公司，我们的主要风险之一是身为附属分公司的重要股东，我们与分公司休戚与共。为降低风险，鲍尔集团官员坐镇分公司的董事会及董事会委员会，并在分公司中起监督作用。

审慎的风险文化深深地渗入我们投资团队的核心能力与责任的精髓之中，其中包括力促积极识别、评估和管理风险的相应流程一应就位，这一流程还包括鲍尔集团的高标准的严格评估程序，这可使我们在进行风险管理时，采取预防措施。

2.6.2 维护员工权益

作为一个大型跨国投资公司，加拿大鲍尔集团拥有不同文化背景和不同国别且数量庞大的员工队伍，为了全面维护各种类型员工的多样化权益，除了坚持前面所分析的"员工管理理念"以外，他们所采取的另外一个主要做法就是强化人权管理，具体表述如下：

As a diversified international management and holding company, we recognize the role we have to play in supporting and respecting the protection of internationally proclaimed human rights. We believe that respecting and protecting human rights is fundamental to creating long-term sustainable value.

As a matter of principle, respect for human rights has always been embedded in our responsible management philosophy as defined by our Code of Business Conduct and Ethics and our CSR Statement. Building on this strong foundation of acting responsibly, we became signatories to the United Nations Global Compact, formalizing our commitment to support and respect the protection of internationally proclaimed human rights.

Upholding our commitment to respect human rights is the responsibility of our entire company. The Vice-President and General Counsel is responsible for providing oversight on our human rights commitments, as reflected in our CSR Statement.

Human rights are considered during our dealings with business partners and within our own investment analysis process, when relevant. We also collaborate with group companies to share knowledge on human rights management practices and to identify areas of opportunity.

In recent years, we undertook a review of the human rights initiatives at Power Corporation's main subsidiaries and investments. Consistent with the United Nations Framework and Guiding Principles on Business and Human Rights (the Ruggie Framework), we assessed our exposure to potential human rights risks, the policies and programs to avoid adverse human rights impacts, and the processes to enable remediation measures.

We continue to engage with the senior management of our group companies, both formally and informally, and as needed, to ensure a proper understanding of how their management teams are addressing human rights when questions or issues arise. In addition to being strongly committed to respecting and supporting human rights, many of our group companies are taking a leadership position on human rights management programs.

Our progress on corporate social responsibility, including human rights, is reported annually to the Board through its Governance and Nominating Committee.

作为一个多元化的国际管理控股公司，我们意识到本集团在支持和尊重国际人权宣言中所扮演角色的重要性，并相信尊重和保护人权是创造长期可持续价值之根本。

尊重人权这一原则已深植于我集团责任管理理念之中，在业务行为准则与道德规范和企业社会责任声明中对其有明确规定。以此坚实基础负责行事，我们签署了联合国全球契约，正式承诺：支持和尊重保护国际人权宣言。

坚持尊重人权的承诺是我们整个集团公司的责任，副总裁和总法律顾问负责监督企业社会责任声明中所体现的人权承诺。

在与业务伙伴合作及投资分析过程中，我们充分考虑到人权问题。同时我们与集团公司合作共享如何进行人权管理的相关实践，并一起研究哪些领域有更好的发展机遇。

近年来，我们对鲍尔集团主要附属公司及投资项目的人权措施进行审查。以联合国商业与人权框架及指导原则（又称鲁杰框架）为依据，我们对以下三方面，即出现潜在的人权风险的可能性，避免不良人权影响的政策与项目，及整治措施流程进行评估。

必要时，我们会不断与集团公司的高级管理人员进行正式或非正式的交流，以确保人权问题出现时，管理团队正确理解、恰当解决。除着力尊重和支持人权，我们多个集团公司在人权管理项目上都处于领导地位。

每年由管理与提名委员会就企业社会责任的进展状况以及人权问题向董事会进行报告。

2.6.3　反对腐败

作为一个大型跨国投资公司，加拿大鲍尔集团拥有一支庞大的管理人员队伍，这支队伍的成员同样拥有不同的文化景，来自不同的国家，有着不同的需要和追求，为了确保管理队伍的高效和廉洁，公司专门提出了反对腐败的战略性管理方案，其中有很多做法值得其他企业学习和借鉴。具体表述如下：

As an international management and holding company, we are committed to carrying out business worldwide ethically and in accordance with all applicable laws.

Many countries have anti-bribery and anti-corruption laws or are a party to international conventions dealing with combating bribery and corruption. These laws and conventions prohibit making payments or providing goods or services of value, directly or indirectly, for the purpose of getting or retaining business or otherwise procuring a competitive advantage.

We have formalized our commitment to anti-corruption compliance by establishing a Global Anti-Bribery Policy. The policy sets out our expectations with respect to anti-bribery: it prohibits our people from receiving, promising, giving, providing, or authorizing the provision of anything of value to obtain or retain business, an advantage, or favored treatment from anyone.

The success of our commitment to anti-corruption and anti-bribery relies on the diligence of all our personnel. The implementation of the policy is the responsibility of the Vice-President and General Counsel, who provides annual reports to the Audit Committee of the Board.

We have implemented an anti-corruption compliance program that includes training, due diligence of third parties and mandatory reporting. We have conducted a training program with all our personnel.

To maintain awareness, we send our personnel periodic reminders of their duties and responsibilities under the policy. We also require all our directors, officers and employees to certify their compliance with the policy at least annually.

We apply similarly high ethical standards to third parties dealing with us by conducting risk-based due diligence on consultants or potential acquisitions.

We have implemented a pre-clearance requirement for relevant types of gifts and hospitality received or provided by our employees. We require our personnel to report any suspected violation of the policy to the Vice-President and General Counsel, who is in charge of investigating and taking remedial action where appropriate. The Vice-President and General Counsel must report suspected violations, if any, to the Audit Committee.

作为一家国际管理控股公司，我们致力于以符合道德和适用法律的方式开展全球业务。

许多国家有反贿赂和反腐败法，或者是打击贿赂和腐败的国际公约，这些法律和公约禁止直接或间接地为获取或保留业务及以其他方式获得竞争优势的目的而支付或提供有价值的产品或服务。

通过建立全球反贿赂政策，我们正式履行了反腐败的承诺。该政策阐明了我们对反贿赂的期望：禁止员工为达到取得或继续业务、获得竞争优势或得到受人青睐的待遇等目的而接受、允诺、给予、提供或授权提供任何有价值的东西。

反腐败和反贿赂的成功有赖于全体人员的勤奋努力，副总裁和总法律顾问负责实施该政策，他们还需每年向董事会审计委员会提供年度报告。

我们实施了反腐败承诺项目计划，包括培训、第三方严格评估和法定报告几方面。目前为止全体员工都已进行了培训。

为保持警钟长鸣，我们定期派人就此项政策对员工耳提面命，提醒其应履行的职责。我们还要求所有董事、高级职员和普通员工至少每年都要证明他们对该政策的遵守状况。

在第三方和我们一起处理风险性咨询或可能推进的并购项目时，我们会进行严格的审查，并遵循前面提到的高道德标准。

对于员工收到或提供的特定礼品及招待，我们已实施了预先审批的要求。我们要求员工向副总裁和总法律顾问报告任何涉嫌违反该政策的情况，他们还要负责调查和采取适当的补救措施。若有涉嫌违法行为，副总裁和总法律顾问必须向审计委员会报告。

第3章　加拿大皇家银行的企业文化与企业管理

本章要介绍和分析的是加拿大第四大公司，即加拿大皇家银行的企业文化与企业管理。加拿大皇家银行是加拿大最大的银行企业，其业务遍及世界三十七个国家。

本章内容与第1章和第2章一样，也分为六节。

3.1节介绍加拿大皇家银行的基本情况。

3.2~3.5节系统介绍和解读的是加拿大皇家银行企业文化当中"精神文化"的相关内容。针对企业"精神文化六要素"，第1章所介绍的乔治威斯顿公司重点关注的是企业使命、企业愿景和企业价值观；第2章所介绍的加拿大鲍尔集团重点关注的是企业理念；而本章所介绍的加拿大皇家银行关注的是企业宗旨、企业愿景、企业价值观及企业理念，说明加拿大皇家银行的精神文化在体系上比前面两家企业更加完整。

其中，3.2节介绍和解读的是加拿大皇家银行的企业宗旨，加拿大皇家银行对企业宗旨进行描述的最大特点是"言简意赅"，界定的内容是企业与客户和社区之间的关系。

3.3节介绍和解读的是加拿大皇家银行的企业愿景，其中还包含着加拿大皇家银行企业使命的相关内容，与多数英国杰出公司一样，加拿大皇家银行在介绍其企业愿景之后，也跟进了战略目标的设计。

3.4节介绍和解读的是加拿大皇家银行的企业价值观以及企业价值观与精神文化其他要素之间的关系。加拿大皇家银行的企业价值观包括五个方面的内容，即"客户至上"、"合作共赢"、"主动负责"、"多样包容"和"坚守诚信"。为了确保企业价值观的落地，加拿大皇家银行将之与企业行为准则进行了对接，并且提出了五个方面的要求，即实事求是、尊重他人并且公平相待、遵守法律、直言不讳且勇于指出错误、遵守政策和指令。

3.5节介绍和解读的是加拿大皇家银行的一个重要企业理念，即多样性与包容性理念。加拿大皇家银行对该理念的认识是非常深刻的。从企业最高领导至普通员工都深谙坚持该理念的重要性，并熟悉该理念的内涵，以及为了将该理念落实到企业经营与管理的全过程当中，应该重点关注六个方面的因素。

3.6 节介绍和解读的是加拿大皇家银行的企业行为准则和行为文化，在这一节当中首先分析的是公司总裁关于企业行为准则的致辞；其次介绍的是这家银行企业行为准则的内容；最后解读其对接企业诚信价值观，突出客户和社区利益，尊重和关心员工等方面的特点，其中还融入了企业文化各个层次内容之间关系的进一步梳理。

3.1 　加拿大皇家银行企业基本情况介绍

加拿大皇家银行是北美洲领先的多元化金融服务公司之一，并在全球范围内提供个人和商业银行服务、财富管理、保险、投资者服务和资本市场产品与服务等业务。

以市值和营业收入计算，加拿大皇家银行是加拿大最大的银行，也是世界上最大的银行之一。银行现拥有 8 万多名全职和兼职员工，在加拿大、美国和其他 37 个国家设有办事处，所服务的个人、企业、公共部门和机构客户超过 1 600 万名。

加拿大皇家银行在 2014 年的世界排名是第 296 位，2015 年是第 299 位，两年对比变化不大，由此可见公司发展得非常稳定。它在 2015 年的营业收入为 $38\,544 \times 10^6$ 美元，利润收入为 $8\,261 \times 10^6$ 美元。

3.2 　加拿大皇家银行的企业宗旨及其解读

通常而言，企业宗旨的设计和描述有两种方式：

第一种方式要说明的是企业存在的原因和企业的发展原则。

第二种方式要说明的是在企业发展过程中应该如何处理好与员工、客户、股东、社会、环境等因素的关系。

基于作者对美国和英国杰出公司企业文化研究所得出的结论，"如何处理好与员工、客户、股东、社会、环境等因素的关系"应该成为企业宗旨的主要描述内容。

加拿大皇家银行的企业宗旨虽然简短，但是仍然可以归入第二种方式当中，其内容如下：

Helping clients thrive and communities prosper.

助力客户成长和社区繁荣。

在加拿大皇家银行的企业宗旨当中，界定的是银行与客户以及银行与社区的关系，使用的关键词是"助力"，即助力于客户的成长，助力于社区的繁荣。

如何助力于客户的成长，以及如何助力于社区的繁荣呢？关于这个问题，加拿大皇家银行在其所坚持的企业价值观和所制定的企业行为准则当中给出了答案，具体内容可见后文中 3.4 节和 3.6 节的相关分析。

事实上，无论从其形式设计上还是从内容表述上，加拿大皇家银行的企业宗旨都不是作者所推崇的那一种，这其中最主要的原因在于两条：

（1）如此表述过于共性，甚至可以说可适用于任何一家企业。

（2）企业要处理的关系虽然以客户为重点，但却绝对不是唯一，至少在企业宗旨当中还应该把如何处理与员工的关系认真地说清楚。

3.3　加拿大皇家银行的企业愿景及其解读

通常而言，一家企业的企业使命要界定的是这家企业长期的或是终其一生的发展方向，而企业愿景是这家企业长期发展方向上最为重要甚至是唯一的目标。

在美国，有很多企业在设计企业使命和企业愿景时是把它们融合在一起进行设计的，如波音公司的企业愿景就是波音公司的企业使命，即"我们努力工作，为了成就公司在航空航天工业领导者的地位"。富国银行的企业愿景也是其企业使命，即我们希望满足我们顾客的金融需求并且帮助他们借助金融而成功。加拿大皇家银行的企业愿景也具有这个特点，其内容如下：

To be among the world's most trusted and successful financial institutions.

成为世界上最值得信赖和最为成功的金融机构之一。

可以换个方式来理解加拿大皇家银行对企业愿景和企业使命的表达，如把这个句子进行拆解，其中，"成为世界上最为成功的金融机构之一"可以视为其发展愿景；而"成为世界上最值得信赖的金融机构之一"则可以视为其企业使命。

在英国，很多企业在设计企业愿景时，往往会跟进描述其企业战略，以此来帮助员工和客户更加深入地理解其企业愿景所界定的方向和目标。例如，乐购公司的企业愿景是"在我们工作的任何地方，我们都致力于帮助顾客、同事和社区过上更便捷的生活"，针对这一企业愿景所制定的企业战略是"在我们工作的任何地方，我们都致力于帮助顾客、同事和社区过上更便捷的生活。我们的业务建构于这个简洁的企业愿景之上，即让每一位在我们这购物的人和我们一样可以享受更高品质的生活和以更简易的生活方式进行生活"。又如，汇丰银行的企业愿景是"我们的目标是成为世界领先和最受推崇的国际化银行。我们的宗旨是将客户与机遇联结在一起以获取成长。我们有能力让业务蓬勃发展、经济繁荣，并帮助人们实现其愿望、梦想与抱负"，而其对应的企业战略是"我们制定长期战略，它可以体现我们的企业宗旨和特有优势，即联通世界的业务网络，汇丰银行有一个很好的定位那就是积极参与世界贸易和资金流动。我们遍及全球的服务地域和范围广泛的服务业务让我们有足够的力量可以帮助我们的客户，在它们从小型企业发展成为强大的多元化公司的全过程为之提供服务。注重财富管理和地方规模的零售业，我们力求最大化地把握社会流动性、财富创造和在我们的优先增长市场长期人口变动所带来的机会。我们将在能实现一定利润规模的市场全面投资零售行业"。

加拿大皇家银行的"企业愿景"也具有这个特点，其跟进的战略目标有三个，具体如下：

（1）To be the undisputed leader in financial services.

（2）To be the preferred partner to corporate, institutional and high net worth clients and their businesses.

（3）To be a leading financial services partner valued for our expertise.

（1）成为无可争议的金融服务业领导者。

（2）成为各公司、机构及高净值客户及其业务的首选合作伙伴。

（3）成为一家重视专业价值的领先的金融服务合作伙伴。

基于以上分析可知，加拿大皇家银行的企业愿景描述虽然与其企业宗旨一样简短，但是可以对企业的发展发挥清晰的指导作用，它与其企业战略目标一起充分表达了加拿大皇家银行的发展诉求，具体如下：

（1）加拿大皇家银行要成为世界上最值得信赖的金融机构之一。

（2）加拿大皇家银行要成为世界上最为成功的金融机构之一。

（3）加拿大皇家银行要成为世界上无可争议的金融服务业领导者。

（4）加拿大皇家银行要成为世界范围内各公司、机构及高净值客户及其业务的首选合作伙伴。

（5）加拿大皇家银行要成为一家重视专业价值的领先的世界性金融服务合

作伙伴。

如此设计足见加拿大皇家银行雄视天下的发展壮志以及其在金融行业力争卓越的坚定决心。有此壮志和决心，再加上注重执行的工作风格，加拿大皇家银行的发展一定会"长风破浪终有时，直挂云帆济沧海"！

3.4　加拿大皇家银行的企业价值观及其解读

3.4.1　精神文化各要素之间的关系

基于中国企业所习惯的设计思路，"精神文化"应该包括企业使命、企业愿景、企业宗旨、企业核心价值观、企业精神和企业理念六个方面；而基于西方英语系主要大国杰出公司所习惯的设计思路，"精神文化"应该包括企业使命、企业愿景、企业宗旨、企业价值观和企业理念五个方面，这其中的差别可见作者在即将出版的《4S 企业文化与 7P 绩效管理及其相互之间的影响》或已经出版的《美国杰出公司企业文化研究》和《英国杰出公司企业文化研究》当中的分析。

无论"精神文化"分成六个方面还是五个方面，最终都是一个整体，其要发挥的作用都是为企业的发展提供精神上的动力。因此，一家企业在具体设计精神文化各要素时，必须要注意它们之间的相互影响和彼此协同，对此，加拿大皇家银行在注解其"企业价值观"时的描述如下：

RBC's Values define what we stand for everywhere we do business. They are reflected in our behavior and the way we build relationships and deliver value to all our stakeholders — clients, employees, shareholders, communities and others we deal with. Guided by our shared Values and united in a common purpose, we can achieve our strategic goals and accomplish great results. We demonstrate our Vision — To be Among the World's Most Trusted and Successful Financial Institutions — by living our Values in the decisions and actions we take every day.

加拿大皇家银行的企业价值观体现在企业业务的方方面面，也体现在我们与各方相处的行为方式上，我们将这种价值观传递给所有跟我们打交道的利益相关方——客户、员工、股东、社区及其他人。这样，我们以共同的价值观为导向，因共同的目标而团结一致，最终一定会实现企业的战略目标，取得卓越的成果。我们以在日常行为和决定中践行价值观的方式来展现企业的愿景——成为世界上最值得信赖和成功的金融机构。

在以上论述当中，既体现了企业价值观与企业宗旨的关系，也体现了企业价值观与企业愿景的关系，而且还体现了企业价值观与企业使命的关系。这样的论述与作者的观点是一致的，即针对企业"精神文化"各要素的设计，应该以企业使命为主线，以企业愿景和企业核心价值观为导向，以企业宗旨为路径，以企业价值观或企业精神为基础，以企业理念为支撑，这样将精神文化的各要素基于不同的分工而进行设计，最终可以共同打造的是能够为企业发展和员工进步提供动力的精神文化系统。否则，各要素自说自话，彼此互无关联，不但不利于形成合力，甚至也不利于个体因素最大化地发挥其影响力。

3.4.2　加拿大皇家银行企业价值观的主要内容及其解读

加拿大皇家银行的企业价值观一共包括五个方面的内容，即客户至上、合作共赢、主动负责、多样包容和坚守诚信。在这五个方面的内容之下，还各有三条要求或是指导原则，如此就形成了包括十五条具体细节的企业价值观体系。

加拿大皇家银行认为，"这五个价值观是我们企业文化的基调，无论我们的企业在何处，业务内容如何，无不体现这些价值观"，具体如下。

1. 客户至上

关于"客户至上"的思想是一个时常被谈起的话题，但是针对这一话题，不同的企业会有自己独具特色的理解，而且也会采用不尽相同的管理措施。

加拿大皇家银行对于"客户至上"的理解如下：

We will always earn the right to be our clients' first choice.

我们将永远赢得成为客户第一选择的殊荣。

这句话的逻辑是：客户但有所需，必首选加拿大皇家银行，而且是永远首选加拿大皇家银行，这对于加拿大皇家银行来说既是一种荣誉，也可以理解为一种权力，一种永远被优先选择的权力。

这句话所包含的深层次思想是：为了确保在客户心目当中永远占有第一的位置，加拿大皇家银行也必须在行动上把客户的利益放在第一位。企业把客户的利益永远放在第一位，客户永远把对企业的选择放在第一位，这样的格局不只是双赢那么简单，它的背后还展现了双方之间永久的信任。而建立这一信任的主动权既在企业一方，也在客户一方。主动权在企业一方是指企业应该积极主动地为客户提供他们之所需；主动权在客户一方是指当客户感觉到企业没有积极认真地为自己服务时就会主动更换合作伙伴，基于这两个主动权的阐述可以得出的结论就是——企业必须要永远做到一点，即"客户至上"。

以上是对于"客户至上"这一价值观的理解，以下是加拿大皇家银行在恪守这一价值观时的具体做法：

——Put client needs above our own, whatever our role, to build lasting relationships.

——Listen with empathy, understand client needs to offer the right advice and solutions.

——Bring the best of RBC to deliver excellent value and differentiated client experiences.

——把客户的需求置于最高之位，不管我们的职位如何，都要建立持久的联系。

——倾听理解客户需求，与客户产生共鸣，提供恰当建议和解决方案。

——展现加拿大皇家银行最好的一面，为客户创造最丰厚的价值，给客户带来差异化的体验。

以上三条做法既是加拿大皇家银行对"客户至上"这一价值观的现实理解，也是对"我们将永远赢得成为客户第一选择殊荣"这句话的注解。它说明"客户至上"作为一条企业价值观不能只是停留在领导的口头上，也不能只是写在企业的宣传册和广告方案里，它必须融入员工的思想，体现在企业全员的真实行动中。

2. 合作共赢

关于"合作共赢"的思想也是一个时常被人们谈起的话题，但是常谈话题并不一定能够被所有的企业重视。

加拿大皇家银行对"合作共赢"的思想非常重视，不仅把它视为企业的第二价值观，而且还希望以此来建立"统一的加拿大皇家银行"。

以下就是加拿大皇家银行对"合作共赢"这一价值观的注解：

We win as One RBC.

我们因为统一的加拿大皇家银行而不断胜利。

或者也可以理解如下：

我们加拿大皇家银行基于整体合作而不断共赢。

基于以上加拿大皇家银行对"合作共赢"这一价值观的注解可知，该思想要指导的主体是企业内部的人员，而不涉及对外事务，这与很多企业在看待这一思想时有所不同。多数企业一谈合作就是对外合作，一谈共赢就是与客户共赢，殊不知对内的合作才是真正可以合作的基础，对内的共赢才是对外可以共赢的源头。换句话理解就是：对内不合作，对外就无法实现真正的合作；对内无共赢，就形成不了对外持续共赢的良好发展局面。

如何做到对内"合作共赢"呢？加拿大皇家银行为此界定了三条指导原则：

——Believe in each other and trust in teamwork and colleagues' intentions.

——Share knowledge, listen, and teach to learn and achieve more together.

——Look beyond ourselves to see the bigger picture for opportunities and solutions.

——相信彼此，相信团队，相信同事的善意。

——分享知识，彼此倾听，教学相长，共创辉煌。

——超越自己，扩大眼界，寻求更好的机遇和解决方案。

3. 主动负责

加拿大皇家银行的第三个价值观是"主动负责"，具体如下：

We take ownership for personal and collective high performance.

我们为个人和集体的高水平绩效而负责。

这一价值观的核心思想虽然是在谈论企业与个人的责任，而其重点却体现在"主动"这个词汇上，因为主动负责与被动负责的最大区别就在于企业员工能否创造性地进行工作，为此加拿大皇家银行的要求如下：

——Be bolder, reach higher, act with courage to realize potential and make a difference.

——Own it; seek out accountability and empowerment to grow and excel.

——Be curious and learn continuously to build skills and careers.

——更加大胆，志存高远，勇敢前行，实现潜能，有所作为。

——承担责任，寻找问责，寻求授权，实现增长，脱颖而出。

——保持好奇，不断学习，提高技能，成就事业。

4. 多样包容

加拿大皇家银行的第四个价值观是"多样包容"，包括两个方面的含义，即坚持"多样性"和坚持"包容性"。而坚持"多样性"与"包容性"不仅是加拿大皇家银行的第四个价值观，而且还是该企业的一个非常重要的发展理念，对此后文还将展开十分详细的论述。

如何看待"多样包容"呢，加拿大皇家银行对此的认识如下：

Our shared corporate values are guideposts for how we run our business and how we treat each other and our clients. However even with shared values we are not all the same. We have people from different backgrounds, with different experiences, working in areas that have multiple cultures. We believe strongly in respecting these differences and using them in pursuit of our shared vision – to be among the world's most trusted and successful financial institutions.

Diversity & Inclusion is one of our five values. Understanding and drawing on the strength of diversity is at the heart of meeting the needs of clients around the world, building strong relationships in the different communities we serve and engaging the many talents of our workforce.

Simply having differences is interesting; doing something with them is powerful.

共同的企业价值观可以指导我们如何经营业务，如何对待彼此及客户。即便是共享价值观我们也是不尽相同的。我们的员工背景迥异，经历不同，来自多种文化区域。我们坚信在尊重这些差异的过程中，可以实现对共同愿景的追求——成为世界上最值得信赖和成功的金融机构之一。

多样性与包容性是我们五个价值观之一，深谙和借鉴多样性的力量，是满足世界各地客户需求，在我们所服务的不同社区建立强有力的关系，并吸引众多人才的核心。

具有差异性趣味无穷，对此有所作为定会力量无穷。

如何才能做到"多样包容"呢？加拿大皇家银行的界定如下：

We embrace diversity for innovation and growth.

我们欢迎创新和增长的多样性。

为此，加拿大皇家银行也提出了三条指导原则，具体如下：

——Speak up for inclusion and empower people to grow and achieve more.

——Seek out and respect different perspectives to challenge conventional approaches.

——Identify and act on the opportunities and needs that client diversity brings.

——鼓励包容性，鼓励员工成长奋进。

——寻找并尊重异见以挑战传统方法。

——因人而异，辨识机遇，伺机而动。

5. 坚守诚信

对于"诚信"这一普遍为西方英语系主要大国之杰出公司所看重的企业价值观，前面已经做过深入的分析，加拿大皇家银行对它持有的态度如下：

We hold ourselves to the highest standards to build trust.

我们秉承最高标准以建构诚信。

为了实现这一目标和更好地坚持这一价值观，加拿大皇家银行对自身提出了三条明确的要求：

——Be respectful, transparent and fair in all relationships.

——Stand up for what we believe; speak with candor; constructively challenge.

——Build trust of clients, colleagues and community partners by listening to and understanding their interests and needs.

——在各种关系中相互尊重，透明公平。

——坚持信念，开诚布公，积极挑战。

——通过倾听和了解客户、同事、社区合作者的兴趣与需求建立互信。

3.4.3　加拿大皇家银行企业价值观的落地

对于任何企业而言，提炼企业价值观是第一步，使用企业价值观是第二步，即第一步是基础，第二步是重点。

走好第一步对于很多企业而言不是难事，只要企业领导有心想做，就可以凭借自己的力量或是寻求外部专家帮忙设计出很完整的企业价值观体系。但是，要想走好第二步却不是那么容易，这需要决心与智慧以及能够坚持下去的规则和制度设计。此外，第二步也必须要走好，否则提炼的再完美的价值观如果不被员工接受，不能用来指导企业员工的行为那就会变成一纸空文。

有鉴于此，加拿大皇家银行认为应该将企业价值观与企业的行为准则进行有机对接，这是确保企业价值观可以落地的关键。事实上，多数加拿大企业都是这样做的，先设计企业价值观，再设计企业的行为准则，一方面将企业价值观融入企业的行为准则，另一方面基于行为准则所催生的行为文化再去强化员工对于企业价值观的认识和运用。

加拿大皇家银行对此的论述如下：

RBC is a values-based organization. Our commitments to all our stakeholders are rooted in our Values. RBC's Code of Conduct (the "Code") incorporates RBC's Values, and in particular our Value of Integrity, to guide our day-to-day actions and decisions so we can always do the right thing.

Every day our actions demonstrate not only our Value of always earning the right to be our clients' first choice, but also our personal commitments. We each have a responsibility to be truthful, respect others, and comply with laws, regulations and RBC's policies. (In the Code, the word "policy" includes policies, procedures and standards.) Over many years RBC has earned trust and a reputation for doing what's right through the actions of those who work here. A continued strong focus on doing what's right will sustain and build on that trust — the cornerstone of the financial services industry and our relationships with clients and communities.

We do business across the globe, and each one of us has a responsibility to behave with integrity so that we can continue to serve clients and generate value for RBC's shareholders. More than simply being aware of our Values and following our Code, we need to make them an integral part of how we operate day to day. This will ensure we tell the truth, respect others, uphold the law, speak up to challenge what we believe is wrong and comply with policies and practices. These behaviors are the foundation for our culture of integrity and doing what's right.

加拿大皇家银行是一家基于价值观而存在的组织，我们对所有利益相关者的承诺都植根于我们的价值观。加拿大皇家银行行为准则（简称"准则"）连同加拿大皇家银行的价值观，尤其是诚信价值观，是我们日常行为和决策的指导，我们因其指导作用才能始终做正确的事情。

每天我们的行动不仅展现我们的价值观（永远赢得客户第一选择的殊荣），而且是我们个人承诺的体现。我们每个人都要诚实、尊重他人、遵守法律法规和加拿大皇家银行的相关政策。在《准则》中，此"政策"包括具体政策、程序和标准。多年来加拿大皇家银行通过员工做正确之事赢得了信任。以此为基础，持之以恒做正确之事，这是金融服务业的基石，是我们与客户和社区良睦关系的基础。

我们在全球范围内开展业务，每个人都有责任诚信做事，这样我们就可以持续为客户服务，为股东创造价值。我们不仅仅要记住价值观和遵循《准则》，更要使他们融入我们的日常工作。这将确保我们实事求是、尊重他人、维护法律、直言不讳指出错误，并符合政策与惯例，上述行为都是诚信文化和做正确之事的基础。

　　以上所论既体现了加拿大皇家银行践行其价值观的决心，也阐述了如何践行其价值观的重点，重点概括起来就是要在企业价值观与行为准则的共同指导下做正确的事情。关于这一点，加拿大皇家银行的解释就是："加拿大皇家银行行为准则连同加拿大皇家银行的价值观，尤其是诚信价值观，是我们日常行为和决策的指导，我们因其指导作用才能始终做正确的事情。"

　　反向思考这一论断的话可以得出的结论如下：

　　（1）如果企业能够始终做正确的事情，那么就说明企业的价值观与企业的行为准则切实发挥了作用并实现了真正落地的目标。

　　（2）如何才能在企业价值观和行为准则的双重指导下做正确的事情呢？对此，除了 3.6 节要分析的行为准则和行为文化的具体说明以外，加拿大皇家银行在此认为还有五点要求也非常重要：第一，要诚实以待他人，实事求是不相欺瞒；第二，要公平以待他人，相互尊重愉快共事；第三，要严格执行法律，认真对待政策惯例；第四，要勇于指出错误，直言不讳敢于担当；第五，要服从正确领导，因地制宜遵守纪律。

　　以下是关于这五点要求之内容的具体描述：

　　（1）Tell the truth

Our work places us in a position of trust. RBC clients, shareholders, communities and our colleagues rely on us to be honest and do business responsibly. We do what we say we will do and earn the trust and loyalty of our clients, shareholders and communities.

　　（2）Respect others and treat them fairly

Showing respect for everyone we work with, treating them fairly and taking personal responsibility for high performance enable us to achieve RBC's strategic goals. By living our Values and following the Code, we show others we honor the trust they place in us — making RBC a great place to work and do business.

　　（3）Uphold the law

RBC is subject to the laws of the countries where we do business. RBC's policies are designed to comply with its legal and regulatory obligations. By doing so, RBC maintains its reputation for acting with integrity. To this end, each of us must understand and comply with RBC's policies and practices that apply to the way we do our jobs.

　　Keep in mind that breaking the law could result in civil and criminal penalties and fines for RBC and the individual involved, as well as potential damage to both RBC's and the individual's reputation.

（4）Speak up to challenge what we believe is wrong

Constructively challenging decisions and behavior that we believe are wrong helps ensure we continue to live our Values in our work at RBC. And seeking out constructive challenge when we make business decisions helps ensure those decisions are right for RBC — and clients, colleagues, shareholders and communities.

（5）Comply with policies and instructions

We are each responsible for knowing and following the RBC policies that apply to us. We must also comply with managers' instructions unless they are inconsistent with RBC Values or policies, against the law or result in health and safety risks. In these circumstances, or if we are unsure about the right thing to do, we should raise our concerns with one of the Key Contacts. We must always be aware of both enterprise and local policies specific to business or geographic areas and work within the boundaries of what we have been authorized to do.

（1）实事求是

我们的工作使我们肩负信任。加拿大皇家银行的客户、股东、社区和我们的同事希望我们诚信并以负责任的态度做生意。我们言必行，行必果，从而赢得客户、股东和社区的信任与忠诚。

（2）尊重他人并且公平相待

尊重每一个和我们一起共事的人，公平对待他们，各司其职，有助于实现加拿大皇家银行的战略目标。通过践行我们的价值观和遵循《准则》内容，我们向他人证明了对于他们的信任我们不负众望——使加拿大皇家银行成为令人愉悦的工作之地和做生意的好地方。

（3）遵守法律

加拿大皇家银行无论在哪个国家开展业务必然遵守当地的法律，我们银行的政策要求我们负有遵守法律和监管的义务，因而加拿大皇家银行因其诚信做事而保持了良好的声誉。为此，我们每个人都必须了解和遵守加拿大皇家银行工作中所体现的政策与惯例。

请记住，无论是银行还是个人，一旦违反法律就可能会导致民事和刑事处罚或罚款，并对银行或个人的声誉产生潜在危害。

（4）直言不讳并且勇于指出错误

对于我们认为不正确的事情，勇于提出质疑的决定和行为有助于确保我们在加拿大皇家银行工作时持续不断地践行我们的价值观。当我们做出商业决策时，坚持积极的质疑有助于确保这些决定对于加拿大皇家银行、客户、同事、股东和社区来说都是正确无虞的。

（5）遵守政策和指令

我们每个人都要了解和遵循适用于加拿大皇家银行的政策，并要听从管理者的指示，除非这些指示相悖于加拿大皇家银行的价值观与政策，触犯了法律或使健康和安全受到威胁。在这种情况下，如果我们不确定何为正确之事，就应立即向任一关键联系人提出我们的质疑。我们必须时时刻刻都十分明晰具体业务、地理区域或已被授权工作范围内的企业或当地的政策。

3.5　加拿大皇家银行的多样性与包容性理念

关于"多样性与包容性"理念，第 2 章在分析加拿大鲍尔集团的三个企业理念时已经有所介绍，而且概括性地提炼了众多美国杰出公司在这个理念上的态度和做法，下面再看一下加拿大皇家银行在这个理念上的认识，其认识比已经分析的所有企业都要丰富。

3.5.1　多样性与包容性的重要性

关于"多样性与包容性理念"对于企业发展的重要性，可以看一下加拿大皇家银行总裁兼首席执行官戴维·麦凯（Dave McKay）的一个相关致辞，这个致辞不仅呼应了前面作为价值观出现的"多样性与多包容性理念"的重要性，而且还充分阐述了这一理念对企业发展所能够提供的积极影响。

戴维·麦凯致辞的主要内容如下：

Diversity and growth are not just integrated, but inseparable. This belief is at the heart of RBC's Value of "Diversity & Inclusion—We embrace diversity for innovation and growth."

Diversity puts more possibilities into play, and inclusion—going beyond prevailing, predominant or traditional perspectives—makes tapping into those possibilities more likely.

We anchor diversity and inclusion in our Values and we embed it in our business, to improve our ability to connect and respond in a changing world.

Making the most of our diversity has always been the right thing and the smart think to do. We believe combining what we have in common with what each of us brings as unique individuals is a powerful recipe of success. By coming together and sharing our unique perspectives, we grow as an organization and as people. That leads to new insights and innovation.

Unified by our shared Vision and Values and enriched by individual diversity, RBC and its people are stronger. This helps us attract and retain the best. And it helps us better serve and meet the needs of our clients.

We're proud of what we've achieved in our diversity journey and we're motivated by a strong sense of purpose for what is still to come. We believe diversity and inclusion strengthens us and we are committed long term to progress in our company and the communities we serve.

Simply having diversity is interesting, doing something with it is powerful.

多样性和增长不仅是融为一体的，而且是不可分割的。这是加拿大皇家银行多样性与包容性价值观（我们欢迎多样性的创新和增长）的核心。

多样性产生了更多的可能性，包容性使这些可能性变得更加可能，因为包容性将流行的、主流的和传统的观点兼收并蓄且远远超越之。

我们将多样性和包容性嵌入我们的价值观，使之渗入到我们业务的方方面面，这样在这个不断变化的世界上，我们就可以彼此联系，快速反应。

充分利用多样性一直是我们做过的最正确的事情和最明智的想法。我们相信将我们的共性和每个人的个性充分融合，这是成功的有力秘诀。通过走到一起，分享独到的见解，无论是整个组织还是个人都会受益匪浅，而新的见解和创新想法也会应运而生。

有了共同的愿景与价值观加之纷彩异呈的个性，加拿大皇家银行及其员工必然会变得更加强大，这必然使优秀的人才接踵而至，留住最好的员工必然能提供更好的服务且能更好地满足客户的需求。

我们为自己在多样性的方面所取得的成就感到自豪！因未来强烈的使命感而动力十足！我们相信多样性和包容性可使我们更加强大，我们将孜孜不倦地为我们的公司及我们服务的社区长期的进步而奋斗不息！

具有差异性趣味无穷，对此有所作为定会力量无穷。

从这个致辞当中可以抽出几个关键的句子以供其他企业借鉴和参考，具体如下：

（1）"多样性产生了更多的可能性，包容性使这些可能性变得更加可能。"

反向理解这句话的意思就是：一家企业如果限制多样性或者不包容多样性，那么这家企业就会失去很多发展的可能性，就会失去创新的最大动力，就有可能网罗不到各种各样的、来自各个地方的、身处各个领域的人才。对于很多企业来说，这是违背其发展初衷的。美国时任总统特朗普上任之初就提出了"限穆令"，然而很快就遭到了各大科技公司的联合反对，这是为什么呢？除了其命令有违美国的宪法和美国长期坚守的开放包容价值观以外，最为主要的原因就是这一行政命令会让各大科技公司失去来自北非和西亚的众多高科技人才，对内部来自各个国家的现有人才也会造成不同程度的冲击。更为深远的是，特朗普的这一做法重新揭开了种族和民族歧视的美国伤痕，会让很多有识之士和高层次人才受到刺激，让美国众多企业极力打造的多样性与多容性企业文化受到沉重的打击。

（2）"我们将多样性和包容性嵌入我们的价值观。"

经过针对西方英语系主要大国众多杰出公司和优秀中小企业进行深入的研究后发现，这些企业给人的直观感受是"言与行相统一"。以企业文化管理为例，企业所说的往往就是企业所做的，企业所做的也会被加工成要说的全面且客观地呈现给公众。姑且不论这种感受是不是正确的，在此希望中国的企业和世界上所有的企业都能够做到这一点，否则欺瞒客户与消费者是不道德的，也是不长远的，更不会因而赢得多大的价值。

加拿大皇家银行看上去就是一家"言与行相统一"的企业，其说把"多样性与包容性"嵌入企业价值观当中，就这样做了，这是在此要肯定的第一点，即"说到做到"。

在此要提倡的第二点就是加拿大皇家银行于此提出的做法本身，即所有的企业都应该有意识地把自己的发展理念或是发展诉求嵌入企业价值观中去，这样就可以潜移默化地、随时随地地指导企业员工的行为并把这些理念或诉求变为现实的追求和追求以后的最终成果。

（3）"充分利用多样性一直是我们做过的最正确的事情和最明智的想法。"

加拿大皇家银行的这一判断虽然是针对其自身的经历所提出的，但是可以作为一个经验为其他企业所借鉴，即任何一家企业如果充分利用多样性，这都是非常正确的事情，也都是极其明智的想法。

（4）"我们相信将我们的共性和每个人的个性充分融合，这是成功的有力秘诀。"

多样性可以形成多元化的个性，包容性可以将这些多元化的个性融合到一起，形成相对的共性。强烈的个性是创造和创新的前提，而共性则是企业统一和员工共存的保证。两者都走向极端会对企业的发展产生伤害，而如果两者能够融合，就可以帮助企业成功地发展。加拿大皇家银行认为这是一个有力秘诀，而其实它是一个易知的道理。当然，易知并不等于易行，如何把握两者的"度"，以及如何借助规则和制度以稳定两者的"力"是关键。

（5）"具有差异性趣味无穷，对此有所作为定会力量无穷。"

可以这样理解这句话，即多样性有助于创造更有效率的工作场所，营造包容、充满魅力的环境，使人才更加忠诚敬业，彼此产生更加积极的影响，从而让企业更具竞争优势并能提供更卓越的客户服务。

当然，针对这句话也可以这样理解：善用差异性趣味无穷，因为单一等于枯燥，而多变等于多彩；善用差异性力量无限，因为每一个人都有独特的力量，把这些力量整合到一起就会形成巨大的合力。

戴维·麦凯关于"多样性与包容性理念"的致辞从企业领导者的身份谈论了"多样性"与"包容性"的重要性，而对于这种重要性，加拿大皇家银行还有着更为具体的解读。

首先是结合时代背景而形成的总体上的认识：

Simply put, people are the most important asset of any company. For companies to succeed in the global marketplace, they must make the most of the full range of their people. Companies must attract and retain the right skills, the best minds, all the required resources – and that means diversity.

With demographic shifts, advances in technology and communications, and globalization, diversity is quickly becoming a driver of growth around the world.

Maximizing the potential of a diverse workforce is not only a social imperative, but is also a competitive advantage. From a business vantage point, to best serve the market one must "employ the market."

简单地说，员工是任何一家公司最重要的资产。企业要想在全球市场脱颖而出，就必须让员工尽展所长。各公司必须能够吸引和留住技能最佳，头脑最好的员工以及所需的各种资源——这就是所谓的多样性。

随着人口结构的变化、科技和通信的进步以及全球化的发展，多样性正迅速成为世界经济增长的驱动力。

多样性劳动力的潜力最大化不仅是社会的迫切需要，同时也是一种竞争优势。从商业的角度来看，要想最好地服务于市场就必须充分利用市场。

其次是从人口、商业和社会需要三个角度展开的具体分析：

（1）Demographic Imperative

It's About All of Us⋯⋯ and Connecting to our Markets。Today's workforce and marketplace is a dynamic mix of different cultures, ages, races, lifestyles, genders and more. Statistics emerging from recent U.S. and Canadian census and labor force reports prove that our consumer base and talent pools are shifting. These visible demographic differences, as well as emerging market realities, continuously create new customer and employee needs.

（2）Business Imperative

It's Good Business······Diversity is about: Acknowledging and leveraging similarities and differences, Increased creativity and innovation, Recruitment and retention of top talent, Access to a changed marketplace, Leveraging our resources to outperform our competitors Enabling people to unlock their potential so they achieve their aspirations, How we lead teams.

（3）Social Imperative

It's About Inclusion and Respect······Increasing our capabilities with diversity will impact: the way we work with people who have different experiences or backgrounds, how receptive we are to different ideas.

（1）人口需要

与我们所有人相关……让我们与市场密不可分。现今的劳动力和市场是由不同的文化、年龄、种族、生活方式、性别和更多因素构成的动态组合。最近美国和加拿大人口普查和劳动力报告的统计数据显示，我们的消费基础和人才储备正在转移。这些明显的人口差异，以及新兴市场的现实状况，正在源源不断地产生新的客户和员工需求。

（2）商业需要

这是一个好的企业……其多样性包括：求同存异；增强创意与创新；招募并留住优秀人才；进入变化的市场；利用资源超越竞争对手；开启员工潜能，使其愿望成真；我们如何带领团队。

（3）社会需要

关于包容与尊重……提高多样性能力会对以下两方面产生影响：与不同经历和背景的员工相处方式上以及对不同观点的接受度上。

3.5.2　多样性与包容性的界定

对于企业的发展而言，"多样性与包容性理念"是非常重要的，这一点已经得到了包括加拿大皇家银行在内的多数西方企业的充分论证，中国的企业可以直接使用这一共识性的思想作为指导企业发展的重要理念，而无须再去验证。

此外，关于什么是"多样性"、什么是"包容性"，不同的企业虽然会有不同的认识，但是加拿大皇家银行对此的界定却最具代表性，对此中国企业也可以直接进行学习和借鉴。

加拿大皇家银行是这样界定"多样性"和"包容性"的，基于这种界定使其所强调的尊重"多样性和包容性"更加具有现实意义：

In simple terms, diversity is the mix; inclusion is getting the mix to work well together.

In broad terms, diversity is any dimension that can be used to differentiate groups and people from one another. It means respect for and appreciation of differences in ethnicity, gender, age, national origin, disability, sexual orientation, education, and religion.

But it's more than this. We all bring with us diverse perspectives, work experiences, life styles and cultures. As a source and driver of innovation, diversity is a "big idea" in business and in society. At RBC we know the power of diversity is unleashed when we respect and value differences.

Inclusion is a state of being valued, respected and supported. It's about focusing on the needs of every individual and ensuring the right conditions are in place for each person to achieve his or her full potential. Inclusion should be reflected in an organization's culture, practices and relationships that are in place to support a diverse workforce.

简单地说，多样性是不同事物相混合，包容性是使混合在一起的事物相互兼容，和谐共处。

从广义上讲，多样性是可以用来区分群体和人们的任何维度标准，它意味着对不同种族、性别、年龄、国籍、残障、性取向、教育和宗教的尊重与欣赏。

但远远不止如此，我们每个人的观点、工作经历、生活方式以及文化都迥乎不同。无论是在商业领域还是在社会领域多样性是一个重要的理念，是创新的源泉与动力。我们知道在加拿大皇家银行，当我们尊重和重视差异时，多样性的力量就会不可阻挡般被释放出来。

包容是一种受到重视、得到尊重和获得支持的状态。每个人的需求都能得到关注，每个人都各就各位蓄势待发以展示全部潜能。包容性应在群体文化中得以展现，各种职能措施、人际关系都一应就位以支持各类员工。

3.5.3　多样性与包容性的正确做法

人之立世，认识世界与社会是第一步，改造世界与社会是第二步；企业立足于社会，认清事物的重要性及其规定性是认识的范畴，也是第一步，它是基础；如何采取行动、如何制定措施是改造的范畴，是第二步，也是关键。

基于这样一种认识和思考的逻辑，加拿大皇家银行在分析了"多样性与包容性"的重要性以及界定了它们的内涵以后，又提出了如何体现和实现"多样性与包容性"的正确做法，这些做法重点考虑了六个方面的因素：

（1）Gender equity

Women continue to be an under-employed resource and are still not equally represented at executive levels and boards. The Catalyst study: The Bottom Line: Connecting Corporate Performance and Gender Diversity revealed that companies with more women in senior management outperformed companies with few women in senior management with a Return On Equity (ROE) of 35% higher and a Total Shareholder Return (TSR) of 34% higher. A 2006 Women Matter study by McKinsey & Company echoed that companies where women are most strongly represented at board or top management level are also the companies that perform best. However, despite correlations between strong corporate performance and women in leadership roles, Canadian women continue to be disproportionately underrepresented within Financial Post 500 companies, according to the 2008 Catalyst Census of Women Corporate Officers and Top Earners of the FP500.

（2）Ethnic diversity

Minorities represent a large and growing opportunity in markets across North America especially in regions where minority populations are concentrated. Data based on the 2006 Canadian census highlights 16% of the total population (over 5 million Canadians) identify as a member of a visible minority. Between 2001 and 2006, the visible minority population increased at a much faster pace than the total population. Its rate of growth was 27.2%, five times faster than the 5.4% increase for the population as a whole. Immigration is a contributing factor as fully three-quarters

(75.0%) of the immigrants who arrived between 2001 and 2006 belonged to a visible minority group. As well, the U.S. Census Bureau indicates that the workforce will become increasingly diverse over the next 30 years. Minorities will outnumber Caucasians in the U.S. by 2042, and by 2050, 55% of the working population will be minorities. This explosive growth presents business opportunities for companies not only to attract a diverse workforce but also to attract new clients in a marketplace where buying power and investment needs will rapidly increase.

（3）Persons with disabilities

An aging North American population is increasing the number of potential clients and employees who identify themselves as a person with a disability. According to Statistics Canada, approximately 4.4 million people in Canada have disabilities; representing 14.3% of Canada's population. The 2006 U.S. Census stated that 15.1% of the U.S. population, or about 41.3 million people, reported having a disability. It is also important to note that disability rate increases with age. Persons with disabilities often have accessibility needs and companies that provide access to products and services through alternate formats will realize a competitive business advantage.

（4）Aboriginal peoples

The Aboriginal population in Canada has experienced significant growth since 2001, growing nearly six times faster than the rest of the country, according to 2006 census data. The Aboriginal population is also considerably younger, with a median age of 27, compared to 40 among the rest of Canada. This presents opportunities in the workplace and the marketplace.

（5）Multi generational workforce

Declining birth rates, increased lifespan, greater international competition for labour and skill shortages have resulted in a larger workforce spanning several generations. There are currently four generations of employees in the labour force - Millennial Generation (those born between 1980 and 2000); Generation Xers (those born between 1965 and 1980); Baby Boomers (those born between 1946 and 1964); and World War II generation (born in or before 1945). According to the U.S. Bureau of Labor Statistics, Baby Boomers will make up 38 percent of the country's workforce by 2011. While all age groups want challenging and interesting work, career or skill development, monetary rewards, flexibility and to be treated with respect, how they communicate and the work environment in which they excel also differ.

（6）Sexual orientation

LGBT (Lesbian, Gay, Bisexual and Transgender) —According to the International Gay and Lesbian Chamber of Commerce, The LGBT population represents a market of about 100 billion Canadian dollars. It is conservatively estimated that this group is between 4% ~ 7% of the adult U.S. population (over 18 years of age), or roughly 9 to 16 million American adults. Individuals in the U.S. who identify as LGBT have an estimated market purchasing power of $690 billion.

（1）性别平等

女性一直处于就业不足的状况，在管理层和董事会还远未达到均等的代表人数。"催化剂"（一研究咨询组织）的研究《本质内容：企业业绩和性别多样性的联系》表明，女性高管多的公司比女性高管少的公司的股本回报率（ROE）高35%，且股东总回报（TSR）高出34%。2006年麦肯锡公司一项针对女性的研究表明，女性在董事会或高级管理层中表现最为突出的公司也是表现最好的公司。然而，尽管公司业绩与女性领导作用息息相关，但加拿大女性在金融邮报500强企业中所占比例仍远远不足，这一结论是根据"催化剂"在2008年对金融邮报500强企业人员中女性和高收入人群普查的结果得出来的。

（2）种族多样性

少数族群在北美洲市场，尤其是在少数族群集中的地区代表了大量的不断增加的机会。根据2006加拿大人口普查数据显示，总人口的16%（超过500万名加拿大人）就可以被确定为一个显性少数族群。2001~2006年，显性少数族群人口的增长速度远超于总人口增长速度，其增长率为27.2%，比总人口增长5.4%的速度快了五倍多。移民是一个促进因素，2001~2006年的移民中，有四分之三（75.0%）属于显性少数族群。美国人口普查也显示，未来30年，劳动力将变得越来越多样化。到2042年美国少数族群的数量将会超过白种人，到2050年，少数族群的劳动力将占到55%。这种爆炸式的增长给企业带来了商机，也就是说企业不仅要吸引多样化的劳动力，而且要在购买力和投资需求迅速增长的市场上吸引新的客户。

（3）残障人士

老龄化的北美人口使潜在的客户及坦诚自己有残障的员工的人数不断增加。据加拿大统计，加拿大约有440万名残疾人，占人口的14.3%。2006年美国人口普查指出，美国约有 15.1% 的人口，也就是 4 130 万名残疾人。需要注意的是，残疾率随着年龄的增长而增加。残疾人往往有便捷性的需求，所以能够提供替代形式的便捷性产品和服务的公司，将会具有强有力的业务竞争优势。

（4）土著人口

2006 人口普查数据表明，加拿大土著居民自 2001 年以来有了显著的增长，其增长速度比全国其他地区快了近六倍。相对于加拿大其他地区 40 岁的平均年龄来说，平均年龄为 27 岁的土著人口确实比较年轻，这就意味着在劳动力和市场方面他们拥有更多的机会。

（5）多代劳动力

出生率下降、寿命延长、更激烈的国际劳动力竞争及技能短缺导致的结果是劳动力跨越几代人。目前，在劳动力大军中有四代员工，千禧一代（出生于 1980~2000 年）；X 一代（出生于 1965~1980 年）；婴儿潮一代（出生于 1946~1964 年）；和第二次世界大战的一代（出生于 1945 年或之前）。根据美国劳工部的数据，到 2011 年婴儿潮一代将占全国劳动力的 38%。尽管所有年龄段的人都想做有挑战性和有趣的工作，希望获得职业或技能的提升，能多挣钱，灵活性高，又能被尊重的工作，但在他们擅长的工作环境大相径庭的情况下，几代人如何沟通？

（6）性取向

LGBT（女同性恋、男同性恋、双性恋和变性者）——根据国际同性恋商会统计，LGBT 群体代表约 1 000 亿加元的市场。据保守估计，这一群体占美国成年人口（超过 18 岁）4%~7% 的比例（也就是大约有为 900 万~1 600 万的美国成年人），而在美国确定为同性恋的人估计有 6 900 亿美元的市场购买力。

基于以上六个方面的因素，加拿大皇家银行针对多样性采取了很多的具体措施，并且从这些措施的实施过程当中总结了大量的有益的经验，这些经验对于那些有志于坚持"多样包容"之发展理念的企业而言是一笔宝贵的财富和资源。

以下是加拿大皇家银行针对多样性所采取的措施和总结的经验教训：

We recognize that diversity is a complex matter. Each diverse community represents unique issues, opportunities and approaches.

We have been involved in diversity efforts since the mid 1970s, originally focusing on women and employment equity. Today we view diversity more broadly —

a source and driver of innovation that values and supports unique abilities, experiences and perspectives.

We have gained many insights along the way. We have tried different approaches — sometimes with success and sometimes without. We have benefited from dialogue with an array of experts, best practices firms and academics. We learn from our experiences and experiences of others and we believe in sharing our learning.

Diversity helps create more productive workplaces, builds an environment of inclusion, attraction, retention and engagement of talented people, provides a competitive advantage and contributes to superior client service.

Having senior leadership commitment and clear accountabilities is critical to the success and sustainability of diversity efforts.

A commitment to diversity requires a lot of work — it requires concrete goals, plans of action, measuring progress, persistent focus and appreciation of progress along the way. For many, living diversity is a very personal and emotional experience.

It is not about "let's do diversity today." It is about embedding diversity into everyday business and making it an intrinsic part of people and client strategies.

Policies and programs cannot stand alone — it's about culture and work environment.

Employees of all generations and backgrounds are looking for career success and work/life flexibility. Everyone wants to be respected and to be treated fairly, to get feedback and make a contribution – everyone wants to feel "included".

Diversity and work/life initiatives should offer options and choices, something for everyone — both men, women.

Diversity is a journey — it takes the commitment of senior leaders and employees and effective collaborative partnering with multiple stakeholders to keep the effort going.

　　我们不得不承认多样性是一个复杂的问题，每个多样性的社区都有其与众不同的问题，独一无二的机遇以及独特的方式方法。

　　自 20 世纪 70 年代中期以来，我们就在多样性方面坚持不懈地努力着，最初的工作重点落在女性和就业公平上。如今，我们更宽泛地看待多样性，它是创新的源泉与动力，而这种创新十分重视支持独特的能力、经验和观点。

　　在前进的道路上，我们收获了许多深刻的感悟，尝试过不同的方法——有时是成功的，有时又一无所获。与专家对话，在最佳企业实践，和学者交流都使我们受益匪浅。我们从自己和他人的经验中吸取教训，并学会了跟他人互通有无取长补短。

　　多样性有助于创造更有效率的工作场所，营造包容、充满魅力的环境，使人才更加忠诚敬业，让企业更具竞争优势并能提供更卓越的客户服务。

　　有高级领导层的承诺和明确的职责分配是成功的关键，对不断的多样性发展也至关重要。

　　承诺多样性需要做大量的工作——它需要具体的目标、行动计划、进度衡量标准、持续专注和对前进过程的赞赏。对许多人来说，生活多样性是一种非常个人化的情感体验。

　　这不是说"今天让我们做做多样性的事情吧"这种儿戏的态度，而是将多样性深深地嵌入到日常事务当中，使其成为员工和客户策略的内在组成部分。

　　政策和计划不能单独存在——它是不可脱离于文化和工作环境的。

　　一代又一代无论何种背景的员工都渴望成功的事业和灵活的工作与生活。每个人都希望被尊重并得到公平对待，希望付出有所回报，并希望自己能贡献力量，而不是被排除在外。

　　多样性、工作和生活应该为每个人——无论是男人，还是女人，提供选择。

　　多样性是一段旅程——它需要高层领导和员工勤力奉献，需要多个利益相关者通力合作，使这段旅程不断前行。

3.6　加拿大皇家银行的企业行为准则与行为文化

3.6.1　公司总裁兼首席执行官在企业行为准则上的致辞

　　凡是重视"行为文化"对公司发展起着促进作用的企业，都会明确地制定可以体现企业发展诉求和能够反应企业价值观的行为准则，并借由行为准则的规范和引导以形成企业独特的"行为文化"，从而发挥促进企业发展的积极作用。这是多数西方英语系主要大国之企业在行为准则和行为文化方面共通的第一个特点。

　　其共通的第二个特点是，所有企业的最高领导都会带头遵守和重视公司的行为准则和行为文化，并会为公司的行为准则做出精神统领性的致辞，以表达重视之情并指明企业行为准则要坚守的重点及企业行为文化的发展走向。

　　以下是加拿大皇家银行现任总裁兼首席执行官戴维·麦凯在企业行为准则上的致辞，它的题目是"Building Trust — RBC and You"，也就是"建构信任——加拿大皇家银行与你"。

以下是其致辞的主要内容：

Why do banks matter? They facilitate personal and business financial transactions, match saving and borrowing needs, and help domestic and international markets function. They provide financial advice, help manage risks and are vital for economic growth. Banks hold this important position in our society because of the trust others place in them. It's crucial that clients, employees, investors, communities and regulators have confidence that banks act fairly and ethically.

At RBC, we hold ourselves to the highest standards of integrity to build trust with every interaction. By listening to clients and communities to understand their interests and needs, we reinforce the trust that is so important to our success and to our Vision — To be among the world's most trusted and successful financial institutions. Our Values, especially our Value of Integrity, and Code of Conduct guide us and set expectations for ethical behavior and decision-making. They help us decide how we serve our clients and deal with each other with respect, transparency and fairness.

Our Code protects employees, clients and RBC by providing a common understanding of what's acceptable and what's not. It's a resource that helps us understand what's expected and why. We are all responsible for protecting and enhancing RBC's reputation by following our Code of Conduct. It's also important that we support one another in doing what's right, by speaking up candidly and challenging situations we believe are wrong.

Please read the Code carefully, discuss what it means with your manager and colleagues, and ask questions to ensure you understand it and what it requires of you. You represent RBC both on and off the job. You keep RBC a leader in a changing world by relying on enduring beliefs — our Values of client first, collaboration, accountability, diversity & inclusion, and integrity — and you bring to life our purpose of helping clients thrive and communities prosper. Great workplaces simply don't exist without great people. It all starts with you.

戴维·麦凯以上致辞的意思如下：

银行为什么重要？因为它可以促进个人和企业的金融交易，满足储蓄和借款需求，并有助于国内和国际市场发挥效力；更因其提供财政建议，助力管理风险，对经济增长尤为重要。因为承载着他人的信任，银行在我们的社会中占据着重要的地位。客户、员工、投资者、社区和监管机构因银行做事公平、合乎道德而对银行信心十足，这一点也至关重要。

在加拿大皇家银行，我们坚持诚信的最高标准，在所有的交往中建立信任。我们倾听客户和社区的心声，了解他们的兴趣与需求，我们加强信任，这对我们的成功十分重要，也对实现我们的愿景（成为世界上最值得信赖和成功的金融机构）至关重要。我们的价值观，尤其是我们的诚信价值观和行为准则为我们提供指导，并为道德行为和决策设定期望，让我们了解如何服务于客户，彼此尊重，并能公平透明做事。

此准则通过提出什么是可接受的，什么是不可接受的让大家达成共识，以此来保护员工、客户及整个加拿大皇家银行。它帮助我们了解什么是我们期待的，和我们期待它的原因。我们有责任遵守此行为准则，从而保护和提高我行的声誉。同样重要的是，我们彼此支持做正确之事，在面对我们认为不正确的情况下我们可以直言不讳直接指出存在的问题。

请仔细阅读此准则，与你的经理和同事深入讨论其含义，并提出相应问题以确保你真正理解明白自己应该怎么做。无论上班还是下班，您都代表着加拿大皇家银行。在不断变化的世界中，通过坚持我们的价值观——客户至上、合作共赢、主动负责、多样包容和坚守诚信，我们成为世界的领跑者——而你使我们帮助客户不断成长和社区繁荣的目标付诸实施。没有卓越的员工就没有卓异的工作场所。一切因你而开始。

3.6.2　加拿大皇家银行企业行为准则的主要内容

以下是加拿大皇家银行企业行为准则的主要内容，它一共有七个方面的要求和二十五个方面的细节设计，其目录具体如下：

1. Our Culture of Integrity

　1.1 Living Our Values and Acting with Integrity
　1.2 Our Culture of Integrity — Doing What's Right
　1.3 Our Shared Commitment and Accountability

2. Speaking Up, Raising Concerns and Reporting Misconduct

　2.1 Speaking Up and Raising Concerns
　2.2 Reporting Misconduct
　2.3 Investigations, Inquiries and Reviews
　2.4 RBC's Commitment to Non-Retaliation
　2.5 What We Expect of Our People Managers

3. Integrity in Dealing with RBC Clients, Communities and Others

3.1 Protecting RBC Client Information

3.2 Protecting RBC Business Information

3.3 Protecting RBC's Reputation in Our Communities

3.4 Responding to Government or Regulatory Inquiries

4. Integrity in Working Together at RBC

4.1 Respectful Workplace

4.2 Equal Opportunity, Fair Workplace and Human Rights

4.3 Personal Information About Us

4.4 Workplace Health and Safety

5. Integrity in How We Do Business

5.1 Business Dealings

5.2 Avoiding and Managing Conflicts of Interest

5.3 Preventing Financial Crime

5.4 Securities Trading

5.5 Fair Competition

5.6 International Trade Controls

6. Integrity in Safeguarding Entrusted Assets

6.1 Protecting RBC Client Property

6.2 Protecting RBC Property

6.3 Keeping Accurate Books and Records

7. Conclusion

1. 诚信文化

1.1 践行价值观，诚信行事

1.2 诚信文化——做正确之事

1.3 共同承诺与问责制

2. 直言不讳提出问题与报告不当行为

2.1 直言不讳提出问题

2.2 报告不当行为

2.3 调查与审查

2.4 无报复承诺

2.5 对员工管理者的期待

3. 诚信对待加拿大皇家银行的客户、社区和其他人

3.1 保护加拿大皇家银行的客户信息

3.2 保护加拿大皇家银行的商业信息

3.3 保护加拿大皇家银行的社区名声

3.4 应对管理与监管调查

4. 诚信携手合作

4.1 文明的工作环境

4.2 机会均等、环境公正、人权平等

4.3 我们的个人信息

4.4 工作场所的健康与安全

5. 诚信交易

5.1 业务往来

5.2 避免、管理利益冲突

5.3 防范金融犯罪

5.4 证券交易

5.5 公平竞争

5.6 国际贸易管制

6. 诚信维护委托资产

6.1 保护加拿大皇家银行客户财产安全

6.2 保护加拿大皇家银行财产安全

6.3 精确记录账目

7. 结论

3.6.3　关于加拿大皇家银行企业行为准则与行为文化的解读

分析加拿大皇家银行企业行为准则的特点，首先可以看出它与企业诚信价值观的关系，为了突出企业行为准则与诚信价值观的紧密结合与有机互动，在其行为准则的每一条细则之前都被冠以"诚信"二字作为前提。对此，可以引用戴维·麦凯在前面致辞当中的话"在加拿大皇家银行，我们坚持诚信的最高标准，在所有的交往中建立信任"，"我们的价值观，尤其是我们的诚信价值观和行为准则为我们提供指导，并为道德行为和决策设定期望，让我们了解如何服务于客户，彼此尊重，并能公平透明做事"进行解释。

为了突出加拿大皇家银行企业行为准则的第一个特点，在其行为准则的内容设计上还专门开辟了一节针对诚信文化进行阐述，而且这一节还被放在了首要位置，即 3.1 节。

作者在前文中曾经分析过，针对企业"精神文化"各要素的设计，应该以企业使命为主线，以企业愿景和企业核心价值观为导向，以企业宗旨为路径，以企业价值观或企业精神为基础，以企业理念为支撑，这种关系的界定还只是针对企业文化之"精神文化"内部要素进行的，事实上，针对企业文化的四个层次，即表象文化、精神文化、亚文化和在生成文化进行设计时，都要充分考虑它们之间的关系，尤其是要充分考虑精神文化各个要素与表象文化的物质表象文化、制度表象文化和行为表象文化之间的关联。

在加拿大皇家银行企业行为准则的设计上就体现了这种要求，3.1 节的内容体现了其企业价值观与企业行为准则以及企业行为文化之间的结合，而在 3.3 节内容当中则体现了其企业宗旨与企业行为文化之间的有机联系，这同时也反映了加拿大皇家银行企业行为准则的第二个特点，那就是突出对客户和社区的关注，这同时也是其企业宗旨（助力客户成长和社区繁荣）重点关注的对象。为此，戴维·麦凯在其致辞当中讲道，"我们倾听客户和社区的心声，了解他们的兴趣与需求，我们加强信任，这对我们的成功十分重要，也对实现我们的愿景（成为世界上最值得信赖和成功的金融机构）至关重要"。在戴维·麦凯这句话当中，同时还提到了企业行为准则与企业行为文化和企业愿景之间的关系。

分析加拿大皇家银行企业行为准则还可以发现第三个特点，那就是对员工的尊重和关心，这表现在 3.2 节和 3.4 节的内容当中。3.2 节要给予员工的是一种公平和追求公平的权力，即他们可以直言不讳地提出问题和报告不当行为并且不会因此而担心受到打击和报复。3.4 节强调的是为员工创造有尊严的、公正的、健康和安全的工作环境与工作场所。为什么要这样设计自己的企业行为准则呢？那是因为"在不断变化的世界中，通过坚持我们的价值观——客户至上、合作共赢、主动负责、多样包容和坚守诚信，我们成为世界的领跑者，而你（员工）使我们帮助客户不断成长和社区繁荣的目标付诸实施。没有卓越的员工就没有卓异的工作场所。一切因你而开始"。

3.5 节剖析的是在对外交易过程当中应该体现的诚信文化，这要求企业必须以诚信的态度来开展与外部相关利益者之间的业务往来，要避免和管理利益冲突、防范金融犯罪、确保公平地进行证券交易和展开竞争等。3.6 节谈及的行为准则是以诚信的态度管理客户和银行的财产安全，这里也是把客户的利益放在了前面。为什么要这样设计自己的企业行为准则呢，用戴维·麦凯的话说"客户、员工、投资者、社区和监管机构因银行做事公平、合乎道德而对银行信心十足，这一点也至关重要"。

第4章 Couche-Tard 公司的企业文化与企业管理

本章主要介绍和分析的是加拿大第五大公司，即 Couche-Tard 公司的企业文化与企业管理。

Couche-Tard 公司虽然是一家在多伦多证券交易所上市的加拿大企业，但其业务却遍布北美、南美、欧洲、亚洲和其他一些地区，是一个真正意义上的全球性公司。

本章内容共分为四节。

按照前面三章的统一做法，4.1 节介绍的是 Couche-Tard 公司的企业基本情况以及其对全球性业务的描述。

4.2 节介绍和解读的是 Couche-Tard 公司非常独特的企业价值观及其与美国和英国杰出公司的比较，Couche-Tard 公司的企业价值观包括五个方面的内容，即"永远重视员工"、"结果导向"、"不断追求进步"、"永远向前看式地发展"和"保持创业精神"。

4.3 节介绍的是 Couche-Tard 公司企业领导关于企业发展的致辞，从中可以看出该企业的经营特点和发展走向。

4.4 节介绍的是 Couche-Tard 公司关于董事会管理的详细设计以及从中可以参考的企业管理理念与方法。针对董事会管理，Couche-Tard 公司非常重视七个方面的工作，即重视独立董事的选择及其作用的发挥、重视首席董事的作用并明确其职责、强化董事会的权力并明确其职责、强化对新老董事的管理和培训、明确和规范董事的商业道德行为、严格选择和选拔新董事和强化董事会成员的评估与薪酬管理。

4.1 Couche-Tard 公司企业基本情况介绍

Couche-Tard 公司是一个名副其实的跨国企业，它的业务虽然以零售便利店为主，但是已经实现了在相关产业集中前提下的多元化和国际化。

Couche-Tard 公司在 2014 年的世界排名是第 329 名，在 2015 年的世界排名是第 305 名，两年相比前进了二十四名。它在 2015 年的营业收入为 $37\,956 \times 10^6$ 美元，利润收入为 811×10^6 美元，相较于加拿大鲍尔集团和加拿大皇家银行这样的投资与金融企业其利润水平是比较低的，而相较于乔治威斯顿公司这样的餐饮企业又略高一点。

以下是从 Couche-Tard 公司网站上收集到的企业情况介绍：

Couche-Tard is the leader in the Canadian convenience store industry. In the United States, it is the largest independent convenience store operator in terms of number of company-operated stores. In Europe, Couche-Tard is a leader in convenience store and road transportation fuel retail in the Scandinavian and Baltic countries with a significant presence in Poland.

As of January 31, 2016, Couche-Tard's network comprised 7,979 convenience stores throughout North America, including 6,560 stores offering road transportation fuel. Its North-American network consists of 15 business units, including 11 in the United States covering 41 states and four in Canada covering all ten provinces. About 80,000 people are employed throughout its network and at its service offices in North America.

In Europe, Couche-Tard operates a broad retail network across Scandinavia (Norway, Sweden and Denmark), Poland, the Baltics (Estonia, Latvia and Lithuania) and Russia. As of January 31, 2016, it comprised 2,218 stores, the majority of which offer road transportation fuel and convenience products while the others are unmanned automated fuel stations.

The Corporation also offers other products, including stationary energy, marine fuel and chemicals. Couche-Tard operates key fuel terminals and fuel depots in six European countries. Including employees at franchise stations carrying its brands, about 19,000 people work in its retail network, terminals and service offices across Europe.

In addition, around 1,500 stores are operated by independent operators under the Circle K banner in 13 other countries or regions worldwide (China, Costa Rica, Egypt, Guam, Honduras, Hong Kong, Indonesia, Macau, Malaysia, Mexico, the Philippines, the United Arab Emirates and Vietnam). These bring Couche-Tard's total network to almost 11,700 sites.

Since the acquisition of Topaz Energy Group Limited on February 1st, 2016,

Couche-Tard also operates a convenience and fuel retailing network comprised of 444 service stations in Ireland as well as a significant commercial fuels operation, with over 30 depots and two terminals.

　　Couche-Tard 是加拿大便利店行业的领导者。在美国,从经营公司的数量上看,它是拥有独立便利店最多的运营商;Couche-Tard 在欧洲便利店行业也处于领先地位,在斯堪的纳维亚和波罗的海国家 Couche-Tard 的路边加油零售业务十分突出,Couche-Tard 公司在波兰的作用也不容忽视。

　　截至 2016 年 1 月 31 日,Couche-Tard 在北美总共拥有 7 979 家便利店,其中 6 560 家提供路边加油服务。在北美共设有 15 个业务部门,其中在美国 41 个州有 11 个,另外 4 个在加拿大,负责管理整个加拿大十个省份的业务,目前在北美各个便利店及业务部门大约总计有 8 万名员工。

　　在欧洲,Couche-Tard 零售网络分布十分广泛,业务遍及斯堪的纳维亚(挪威、瑞典、丹麦)、波兰、波罗的海(爱沙尼亚、拉脱维亚和立陶宛)以及俄罗斯等国家和地区。截至 2016 年 1 月 31 日,Couche-Tard 在欧洲总共有 2 218 家便利店,其中大部分提供路边加油业务和便利产品,其余的是自助加油站。

　　该公司还提供诸如固定能源,海洋燃料和化工制品等其他产品。它在欧洲六个国家经营重点加油站和油库,现约有 19 000 人在欧洲的各品牌的特许经营店、零售网点、加油站和服务办事处等地点工作。

　　此外,还有大约 1 500 家分布在全球 13 个国家和地区,在国际连锁便利店 Circle K 旗下独立运作,这 13 个国家和地区分别为中国、哥斯达黎加、埃及、关岛、洪都拉斯、香港、印度尼西亚、澳门、马来西亚、墨西哥、菲律宾、阿拉伯联合酋长国以及越南,这使 Couche-Tard 囊括了近 11 700 家门店。

　　Couche-Tard 在 2016 年 2 月 1 日收购黄玉能源集团有限公司,之后在爱尔兰经营便利零售加油站,现有 444 个服务站,同时还运营一重要的商业燃料运行点,下面有 30 多个油库和两个加油站。

4.2　Couche-Tard 公司的企业价值观及其解读

4.2.1　Couche-Tard 公司的企业价值观

　　Couche-Tard 公司的企业价值观无论是在内容设计上,还是在描述形式上都有别于其他西方英语系主要大国的杰出公司,用最为通俗的语言进行概括的话,Couche-Tard 公司的企业价值观包括五个方面的内容,即永远重视员工、结果导向、不断追求进步、永远向前看式地发展和保持创业精神。

下面可以看一下 Couche-Tard 公司对于这五个企业价值观比较独特的描述：

（1）People make us stand out from our competitors.

（2）Results matter.

（3）Improvement drives us.

（4）Development is always looking ahead.

（5）Entrepreneurship means that we think like customers and act like owners.

（1）员工使我们在与竞争对手的竞争中脱颖而出。

（2）结果导向。

（3）不断追求进步是我们的驱动力。

（4）永远向前看式地发展。

（5）创业精神意味着我们像顾客一样思考，像主人一样行事。

Couche-Tard 公司把这五个企业价值观概括为五个单词，并对这五个单词所表达的思想而感到自豪，其具体描述情况如下：

We take pride in People, Results, Improvement, Development and Entrepreneurship.

我们为我们的员工、结果、进步、发展和创业精神而感到自豪。

Couche-Tard 公司针对这五个企业价值观所做的进一步说明具体如下：

（1）PEOPLE make us stand out from our competitors. We take an interest in our customers and connect with them to create long-lasting relationships – every chance we get.

（2）RESULTS matter. Our stores and stations are our livelihood. The customer experience we deliver is what generates value for our stakeholders.

（3）IMPROVEMENT drives us. We continuously seek to improve our processes and performance, working in teams to learn from each other and from the best.

（4）DEVELOPMENT is always looking ahead. We are hungry for growth, developing our business customer by customer, store by store and nation by nation.

（5）ENTREPRENEURSHIP means that we challenge ourselves every day to think like customers and act like owners.

（1）员工使我们在与竞争对手的竞争中脱颖而出。我们对客户感兴趣，利用每一个能够获得的机会与他们建立持久的关系。

（2）结果导向。我们的便利店和加油站是我们的生计之本。我们所提供的客户体验可以为我们的利益相关者创造价值。

（3）不断追求进步是我们的驱动力。我们不断寻求改善流程和提高绩效的方式，以团队的形式工作，彼此之间相互学习，取长补短。

（4）永远向前看式地发展。我们渴望发展，从一个客户到另一个客户，从一家门店到另一家门店，从一个国家到另一个国家不断发展。

（5）创业精神意味着我们每天挑战自己，像顾客一样思考，像主人一样行事。

4.2.2　关于 Couche-Tard 公司企业价值观的解读及其与美英企业的比较

多数西方英语系国家的企业在设计其价值观时一般会选择使用名词，而 Couche-Tard 公司使用的都是句子。

Couche-Tard 公司的第一个企业价值观虽然在形式表达上有点特殊，但要强调的思想却很清楚，那就是要重视员工的作用，因为"员工使我们在与竞争对手的竞争中脱颖而出"。

Couche-Tard 公司认为这其中内在的逻辑如下：如果能够重视员工的作用，则企业如果对客户感兴趣，员工就会利用每一个能够获得的机会与客户建立持久的关系。所以说正是因为员工发挥了重要的作用，所以才能建立起这样的持久关系，而有了这种关系作为基础，企业就可以长足地发展和持续不断地进步。

此外，"重视员工"既是一个企业价值观——它能够帮助员工发展，也是一个重要的企业理念——能够帮助企业进步。

从企业理念的角度看，这是一个无论如何强调都不会过分的话题。事实上，任何一个伟大的企业，或者有志于成为伟大企业的公司都应该特别重视员工的作用与客户的地位。在《美国杰出公司企业文化研究》所分析的十家企业当中非常强调员工管理理念的就有七家，它们分别是埃克森美孚石油公司、雪佛龙公司、威瑞森电信、JP 摩根大通、波音公司、花旗集团和富国银行。

通过对比分析，可以发现美国十家杰出公司和英国十家杰出公司企业价值观的同与不同，两个国家众多企业集中关注的价值观有六个方面，那就是"诚实"、"团队"、"顾客"、"尊重"、"绩效"和"员工"。其中，"员工"赫然在列，而这些企业针对"员工"的描述主要是"尊重员工"或"善待员工"等，像 Couche-Tard 公司这样从确保企业竞争地位的角度而对员工作用进行描述的方式比较少见，曾经使用过类似表达方式的企业是富国银行，它的表述是"员工是竞争的优势所在"。

Couche-Tard 公司的第二个企业价值观是"结果导向"，也可以表达为"结果最为重要"。Couche-Tard 公司对这一价值观的解释非常实在，即"我们的便利店和加油站是我们的生计之本。我们所提供的客户体验可以为我们的利益相关者创造价值"，言外之意就是：判断 Couche-Tard 公司是否成功不需要高深的理论作为指导。事实上只要经营好便利店和加油站，为客户提供了最好的服务体验，做到了这些，企业就可以成功了。

"结果导向"看上去也是一个具有普适性特点的企业价值观，但是在"西方英语系大国杰出公司企业文化研究系列"所研究的二十家美英杰出公司和前面三章所分析的加拿大企业中，曾经提出这一价值观的公司只有一家——马拉松原油公司。由此可见，Couche-Tard 公司所关注的企业价值观是与众不同的，如果把这一价值观与前面重视员工作用的价值观放在一起看，可以发现 Couche-Tard 公司在企业管理方面具有比较务实的风格。

Couche-Tard 公司的第三个企业价值观是"不断追求进步"，并认为这是可以给企业的发展不断提供驱动力的重要元素，"不断追求进步是我们的驱动力"。如何不断地追求进步呢？Couche-Tard 公司对此的理解如下：①不断改善流程；②不断改进提高绩效的方式；③重视团队的力量；④企业成员之间相互学习，取长补短。关于"不断追求进步"的企业价值观，美国的企业虽然没有这样直接的提法，但也有过类似的表述，如雪佛龙和威瑞森电信将之解读为"不断追求优秀的绩效表现"，而宝洁公司的表述更简洁，即"积极求胜"。

Couche-Tard 公司的第四个企业价值观是"永远向前看式地发展"，对此也可以表达为"高瞻远瞩"式的发展。这一价值观看上去"高大上"，其实从 Couche-Tard 公司的解读又可以看出其脚踏实地的风格，那就是"从一个客户到另一个客户，从一家门店到另一家门店，从一个国家到另一个国家不断发展"。对于 Couche-Tard 公司的这一价值观，很难从美国和英国的企业里找出类似的表述。

Couche-Tard 公司的第五个企业价值观是"保持创业精神"，这与其他企业所持有的"创新价值观"相通。在美英两国的杰出公司当中，坚持以"创新"作为价值观的企业有美国的雪佛龙公司和英国的 BAE 系统公司。但是 Couche-Tard 公司对这一价值观的解读又赋予其独特的视角，即每天要挑战自己；每天要像顾客一样思考，也就是要换位思考；每天要像主人一样行事，也就是要确保主动性地做事以及创造性地做事，并且永远是在为自己做事，从而把自己置于企业之中而不是置于其外，把自己看做企业的主人而不是客人或外人。基于 Couche-Tard 公司这样一种注解可以看出，"创业"与"创新"还是存在差别，"创业"之关注点在"进取"和"冒险"，"创新"之关注点在于"变化"和"求新"，"创新"之事人人可为，"创业"之举非人人能为。Couche-Tard 公司要坚持的是一种"创业精神"，这种精神可以激励所有的员工把工作当做事业来做，把企业当做个人发展的平台，在这个平台上的每一名员工都可以不断进取，通过不断地拼搏从而实现个人的价值，然后基于全员价值的实现最终可以确保企业价值的提升。

国内有很多企业在发展的过程当中，都非常注重培养企业内部的这种"创业精神"，最为人所熟知的是海尔的"企业创客化"变革。事实上，第3章所分析的青岛鑫光正钢结构股份有限公司的轮式组织架构，也正是基于培养企业内部"创业精神"和"创业模式"而设计的。这一架构的特点就是虚化集团总部的概念，把原有的集团总部的所有管理职能都变成服务职能，让企业下属的所有事业部、子公司都成为创业的平台以及孵化创业者的基地，从而将企业组织一圈一圈地扩展开来，形成裂变的发展模式，从而可以快速地进行复制进而推动企业大跨步地发展。

4.3　Couche-Tard 公司的企业家致辞及其解读

4.3.1　Couche-Tard 公司的企业家致辞与企业发展

Couche-Tard 公司除了在企业价值观上是一个有特点的杰出公司以外，在其经营管理和企业发展方面也很有特色，对此通过其公司总裁兼首席执行官布莱恩·瀚纳仕（Brian P. Hannasch）的一个致辞可以一见端倪。其致辞的主要内容如下：

（1）Building momentum

I am proud of our annual results that provide us with our sixth straight year of record earnings. Our convenience stores and service stations in North America and Europe continue to build momentum in the face of challenging market conditions. Our same-store merchandise sales on both continents improved in fiscal year 2014, gaining market share in the majority of our markets. And while fuel volumes across the industry are generally flat or slightly declining our best-performing stores grew their volumes while we continued to gain fuel market share.

（2）The numbers speak for themselves

Since the acquisition of Statoil Fuel & Retail, we estimate that total realized annual synergies and cost savings amount to approximately $85.0 million, before income taxes. These savings were in part offset by investments related to the continued rollout of our new Enterprise Resource Planning (ERP) systems and other key strategic convenience and fuel initiatives. Our ERP replacement roll-out in Europe is now complete.

Our work in the area of costs savings and synergy identification continues. We maintain our goal for annual synergies as previously announced.

（3）Winning on all fronts

The strong results for fiscal year 2014 can be attributed to the performance of both the convenience and fuel aspects of our business.

We saw strong growth in same-store sales from merchandise this year. Our North American operations delivered an increase in same-store merchandise revenues of 3.8% in the U.S. and 1.9% in Canada. This is attributable to effective merchandising strategies, investments in the enhancement of our service and product offerings, and pricing strategies aimed at boosting in-store traffic, as well as food service in several of our markets.

According to current NACS State of the Industry data, Couche-Tard outperformed the US market with an increase of 3.8% in same-store sales year-on-year, as opposed to the 2.4% reported in total industry merchandise sales.

Our European operations continued to perform well, helped by new and sustainable merchandising strategies. Strong food service and coffee sales have driven growth in these markets. Our European business units delivered a 1.6% increase in same-store merchandise revenues compared with the same period last year, despite a still-challenging European convenience market. Initiatives such as a "coin offer" — a permanent campaign which promises customers they can always purchase a hot dog for a coin—and the continent-spanning "XL summer" campaign promoting a longer summer, XL offers and XL service, aimed at improving price perception, a significant step-up in merchandising, and new products in fresh food all proved effective.

（4）Food in focus

Our people can be proud of our fresh food initiatives in North America and Europe. Customers are buying food at our stores in increasing numbers, not only because of the convenience factor but also because we offer a broader menu selection and the improved quality and taste they demand.

For example, in North America, our five fresh food pilot markets are delivering very encouraging early results, which show our customers really care about food quality. In Europe, thanks to an increased focus on the category, our hot dog sales have seen double-digit growth — in a category that has been essentially flat over the last few years.

（5）Social investment

Millions of customers visit our stores and stations across North America and Europe every day. This puts Couche-Tard in a powerful position to mobilize its surrounding communities. We are proud to say there are dozens of organizations across North America and Europe that have benefited from our corporate and customer contributions, totaling over $11.7 million, from our awareness-building activities and our employee volunteers.

Our North American business units build awareness and raise funds for an array of local community causes through powerful fund drives. This Spring, our Midwest and Great Lakes business units asked our customers to "Put Their Money Where The Miracles Are", raising over $1.3 million in just three weeks for Children's Miracle Network Hospitals (CMN). CMN is a care facility that provides approximately $6,500 worth of charity care every minute.

Our European group has aligned its social investments in eight countries around the theme of "youth at risk". Less than one year into its collaboration with BRIS ("Barnens Rätt i Samhället" or "Children's Rights in Society"), an organization that assists vulnerable children and young people with advice and support, our Swedish business unit was named their "most creative partner".

（6）Outlook

In Fiscal 2014 we have made great progress in growing our business and we are particularly pleased with the performance of our new-to-industry sites. As has been the case in the past, we have made great progress in deleveraging our balance sheet and in this respect we are currently ahead of our plans. We will further increase our focus on new builds in the coming year, aided by our great land bank on both continents.

We will focus on our ongoing expansion into new markets and new opportunities – at the right time and on the right terms. I look forward to continuing the Couche-Tard journey, full steam ahead with our 80,000 talented, committed, skilled and experienced people, propelling Couche-Tard to even greater heights.

（7）Thank you

Renewal is a prerequisite for success in today's fast-moving, ever-more-competitive retail landscape. I am impressed by the ability of our people around the world to strive for continuous improvement each and every day. I thank them all for their endless energy and commitment.

（1）积蓄势头

我们已经连续六年创盈利纪录，这样的年度业绩让我颇感自豪。面对挑战性的市场条件，我们在北美和欧洲的便利店和服务站仍保持良好的势头。在 2014 财政年度，我们的同店商品销售在这两个大洲取得了长足的进步，并在大多数市场赢得市场份额。虽然整个行业的燃料量整体持平或略有下降，我们业绩最好的门店却有所增加，而且持续不断获得更多的燃料市份额。

（2）用数字说话

由于收购了挪威石油燃料零售公司，我们估计总共实现年度合并效应和成本节省的金额税前约为 8 500 万美元，这些节余部分由我们新的不断推出的企业资源规划投资体系和其他重点便利燃料战略举措所抵消。企业资源规划更换在欧洲的推出举措现已完成。

我们成本节约和合并识别的工作仍在持续。正如先前宣布的，我们会继续年度合并目标。

（3）全线获胜

2014 财年的强劲业绩可以归因于便利店和燃料方面业务的突出表现。

今年我们的同店商品销售增长强劲，北美业务蒸蒸日上，在美国和加拿大收入分别增加了 1.9% 和 3.8%，这要归功于有效的推销策略，大量用来提高服务和产品供应的资本投入，促进门店交易量的定价策略，以及若干市场的食品服务。

根据全美便利店展（NACS）行业内数据最新数据表明，相对于全行业商品销售报告 2.4% 的增长来看，Couche-Tard 以 3.8% 的同店销售同比增长率，显然优于美国市场上其他门店的表现。

在新的可持续销售策略指导下，我们的欧洲业务运营状况持续表现良好。强劲的食品服务和咖啡销售带动了这些市场的增长。尽管欧洲的便利市场仍然具有挑战性，而我们的欧洲业务部门与去年同期相比，同店的商品收入却增加了 1.6%。我们开展了一些活动，如"硬币供应"——承诺客户他们永远可以用一个硬币购买一个热狗；遍及整个欧洲大陆的"XL 之夏"活动——让夏天变得更长，XL（特大号）供应和 XL（特大号）服务，旨在提高价格感知度，这是商品营销一大重要提升举措，提供新鲜食品的新产品也是非常有效的措施。

（4）以食物为中心

我们的员工为我们在北美和欧洲的新鲜食品计划而感到自豪。越来越多的顾客在我们的商店购买食品，这不仅是因为方便，而且是因为我们提供了更广泛的选择，以及想顾客之所想，不断改进食物的质量和口味。

例如，在北美洲，我们的五个新鲜食品试点市场取得了非常令人鼓舞的初步成效，这表明我们的客户真的关心食品质量。在欧洲，由于人们对该品类的关注程度越来越高，我们的热狗销量出现了两位数的增长——而这类产品在过去几年的销售基本持平。

（5）社会投资

在北美和欧洲每天有数以百万计的客户光顾我们的商店和服务站，这使得Couche-Tard处于让周边社区活跃起来的有利地位。我们很自豪地说，在北美和欧洲有几十个组织受益于我们总额超过 1 170 万美元的企业和客户贡献，受益于我们有意识组织的活动，以及受益于员工志愿者的服务。

我们北美业务部门通过强大的资金驱动提升当地社区事业的认知度并募集资金。今年春天，美国中西部和五大湖地区的业务部门号召客户"把钱投在充满奇迹的地方"，结果在短短三周内就为儿童奇迹网络医院（CMN）筹集资金超过130万美元。儿童奇迹网络医院是一家疗养所，它每分钟提供约为 6 500 美元的慈善服务。

我们的欧洲集团在八个国家以边缘青年为主题进行社会投资，与BRIS（瑞典语"Barnens Rätt i Samhället"的缩写，意思是社会中的儿童权益，是一个为弱势儿童和年轻人的提供建议和支持的组织）合作不到一年，我们的瑞典业务部门就被评为最有创意的合作伙伴。

（6）展望

2014财年，我们在业务扩展上取得了长足的进步，我们对新行业领域的表现尤为欣慰。跟过去一样，我们在降低资产负债表方面取得了很大的进步，并提前完成计划。在欧美地产银行的支持下，明年我们将进一步在新项目的建设上加大力度。

在恰当的时间和适合的条件下，我们将专注于不断扩大的新的市场，寻求新的机遇。我期待着继续与 Couche-Tard 共赴征程，与才华横溢、敬业奉献、技术经验丰富的 8 万名员工同舟共济，使 Couche-Tard 更上一层楼。

（7）致谢

在今天这个快速变化，更具竞争力的零售行业，革新是成功的先决条件。世界各地的员工，每天在努力地追求不断的进步，这让我印象深刻，他们源源不断的活力和孜孜不倦的努力让我铭感肺腑。

4.3.2　关于 Couche-Tard 公司企业家致辞的解读

为了表达企业发展的诉求，强调企业发展应该坚守的信念和价值观，为员工努力工作加油打气，西方英语系大国的企业家总是喜欢发表一些讲话和致辞以达成以上所说之目的。这些致辞或者出现在其年度工作报告当中，或者出现在其行为准则手册上，或者出现在其企业发展的战略性规划里，或者同时出现在以上所说的几个地方。有时是企业最高领导致辞，有时是企业领导团队基于工作分工而分别致辞，有时是企业的合伙人或者联合执行官同时就某一个话题而共同致辞等。总之，这些企业领导的致辞无论是从内容上，还是从形式上看，都是非常丰富的，而且多数都经过了精心的设计和认真的准备。在《美国杰出公司企业文化研究》和《英国杰出公司企业文化研究》当中，作者分别使用了一章的篇幅各自介绍了近十位企业家的致辞，从中梳理出了很多有益的思想，以便为中国企业家提供参考。在本书当中，作者虽然没有单独开设一章来分析各个企业领导的致辞，但是在就每个企业进行研究的时候也会列举一个或者几个致辞以供读者欣赏和借鉴。

从形式上看，布莱恩·瀚纳仕的这个致辞显然与美国和英国的众多杰出企业家的致辞非常接近，其致辞之用意也大致相同。

但是，从内容上看，布莱恩·瀚纳仕的这个致辞与多数企业家的致辞又不一样，其重点是在描述企业发展所取得的成就以及对未来发展的展望，内含大量的信息和数据，而对企业使命、企业宗旨、企业愿景及企业价值观等"精神文化"方面的内容所言不多。这也算是 Couche-Tard 公司比较注重务实风格的另一个写照。与之不同的是，很多西方企业家的致辞往往都是围绕着特定的企业使命、企业战略、企业宗旨、企业愿景、企业精神、企业价值观、企业理念展开的，或言其一点，或概述其全部，其所说的具体事情和具体数据虽然重要，但是这些涉及和围绕的内容也同样表现得非常重要。

分析布莱恩·瀚纳仕的致辞，还可以发现一个极有意思的现象，这种现象通常也会出现在中国企业领导者的致辞当中，那就是在其致辞的结尾，使用热情洋溢的话语表达对员工的期待和感激之情。

4.4　Couche-Tard 公司的董事会管理

Couche-Tard 公司企业管理的一个最大特点就是特别重视董事会的作用，为了强化董事会的管理，公司制定了一系列的规定，并设计了众多的保障措施。

以下就是其强化董事会管理的一些具体做法，一共包括七个方面。

4.4.1　重视独立董事的选择及其作用的发挥

Couche-Tard 公司非常重视"独立董事"的作用，并建立了非常严格的选择"独立董事"的程序。Couche-Tard 公司还规定在每次董事会之后"独立董事"们还要定期召开非公开会议，这样的会议非独立董事及管理层成员是不能参加的。

通过以下描述可以看出 Couche-Tard 公司在"独立董事"选择方面的严谨和公开：

The Board of Directors up for election is comprised of 11 directors. The Board of Directors considers six of them to be "independent" of the Corporation. Messrs. Alain Bouchard, Richard Fortin, Réal Plourde, Jacques D'Amours and Brian Hannasch are not independent directors. Mr. Jean Élie was nominated by Metro Inc., a significant shareholder, but is not otherwise related to the Corporation or Metro. The Board does consider Mr. Jean Élie to be an independent director given that the Corporation does not have significant business dealings with Metro and that Metro does not control the Corporation. The five other directors, Messrs. Desrosiers, Rabinowicz and Turmel and Mrs. Kau and Mrs. Bourque, are independent directors given that they do not have any business interests or other relationships with the Corporation or its principal shareholders.

通过选举产生的董事会由 11 名董事组成。董事会认为其中 6 名应为"独立"于公司之外的独立董事。阿兰·布沙尔、理查德·福丁、瑞尔·布朗德、贾可·达穆尔和布莱恩·瀚纳仕五位先生是非独立董事。姬恩·伊利亚先生由地铁公司提名，他是大股东，但与地铁公司没有关系。董事会认为公司与地铁公司没有大宗业务往来，而且地铁公司也不控制公司业务，因而姬恩先生应该是公司的独立董事。其他五位董事德罗齐埃先生、拉宾诺维奇先生、特梅尔先生，以及卡乌夫人和布尔克夫人，因其在公司没有任何的商业利益，与其他主要股东也没有关系，故应为独立董事。

4.4.2　重视首席董事的作用并明确其职责

在 Couche-Tard 公司，因为董事会创始人以及董事会执行主席都不是"独立董事"，因此，董事会建立了相关程序，以确保管理层能够独立运作并且进行管理，

这其中包括任命一个没有利益关系的董事担任"首席董事",其职责如下:

● Ensure that the responsibilities of the Board of Directors are well understood by both the Board of Directors itself and management, and that the boundaries between the responsibilities of each are clearly understood and observed.

● Ensure that the resources available to the Board of Directors (especially up-to-date and relevant information) are adequate and enable it to perform its responsibilities.

● Adopt, together with the Founder and Executive Chairman of the Board, procedures and meeting schedules so that the Board of Directors and its committees can effectively and efficiently accomplish their work.

● Ensure that duties assigned to each committees of the Board are carried out effectively and that the results are communicated to the Board of Directors.

● 确保董事会和管理层都清楚知道董事会的职责,以及彼此的权限,并恪守本职。

● 确保提供给董事会的资源(特别是最新的和相关的信息)是充分的,使其能够履行其职责。

● 遵守程序,与董事会的创始人及执行主席定期会面,使董事会及其委员会能高效地完成工作。

● 确保董事会各委员会的职责有效执行,并将结果汇报给董事会。

4.4.3　强化董事会的权力并明确其职责

虽然"独立董事"和"首席董事"可以发挥重要的作用,但是真正对企业经营与管理起决定性作用的还是董事会本身。Couche-Tard 公司对此的认识如下:

The Board of Directors oversees the Corporation's management of its commercial activities and internal affairs with a view to increasing the long-term return on shareholder equity. The Board makes major policy decisions and reviews the performance and efficiency of the management team entrusted with the responsibility for administering the Corporation's day-to-day business.

In accordance with the *Business Corporations Act* (Québec) and its By-Laws, the Board of Directors may delegate certain tasks and responsibilities to board committees. However, such delegation does not remove the board's general management responsibilities of the Corporation.

　　董事会监督公司管理层对其商业活动和内部事务进行管理，以期提高股东权益的长期回报率。董事会做重大决策，并负责检查管理公司日常业务的管理团队的表现和效率。

　　按照魁北克商业公司法及其章程，董事会可以向董事会委员会授权某些特定的任务和职责。然而，这样的授权不会改变董事会对公司进行整体管理之责任。

　　以上所说还比较笼统，与其他企业无别，而以下设计则体现了 Couche-Tard 公司在董事会职责安排方面的细致，它共分为战略规划、人力资源、财务和内部控制程序以及管理四个大类和十八个明确的规定，具体内容如下：

战 略 规 划

- Revising and approving the Corporation's strategic plan and priorities while taking into account opportunities and risks, the Corporation's financial and tax strategy and its business plan.
- Revising and discussing the Corporation's strategic plan and priorities during an annual meeting with senior management.
- Evaluating the Corporation's performance with respect to the strategic plan and business plan and, in particular, assessing the Corporation's operating results based on the established objectives.

- 修订和批准公司的战略计划和优先事项同时兼顾机会与风险，修订和批准公司的财务和税收战略以及业务计划。
- 与高级管理层在年度会议上修改和讨论公司的战略计划和优先事项。
- 评估公司的战略规划和业务计划的表现，特别是根据既定目标评估公司的经营业绩。

人 力 资 源

- Ensuring that the President and Chief Executive Officer and other members of senior management create a culture of integrity throughout the Corporation.
- Determining the size and structure of the Board of Directors and its committees based on the expertise, skills and personal qualities required of the members of the Board in order to ensure adequate decision making.
- Approving and submitting the list of candidates for the position of director, to be

voted on by shareholders, as proposed by the Human Resources and Corporate Governance Committee.

● Ensuring effective planning regarding the succession of the Corporation's senior managers, including their appointment and compensation.

● Ensuring that an annual performance evaluation is carried out for the Chief Executive Officer and other members of senior management, while taking into account the Board's expectations and the objectives set by the Human Resources and Corporate Governance Committee.

● 确保总裁、首席执行官和其他高级管理人员在整个公司创造诚信文化。

● 根据董事会成员的专业知识、技能和个人素质，确定董事会及其委员会的规模和结构，以确保充分决策。

● 批准并提交由人力资源部门和公司管理委员会提出的需由股东投票的董事人选名单

● 确保公司高级管理人员继任的有效计划，包括他们的任命和薪酬。

● 以董事会的期望目标、人力资源部门和公司管理委员会设定的目标为参照标准确，确保对首席执行官及高级管理层的其他成员进行年度业绩评估。

财务和内部控制程序

● Revising the main risks associated with the Corporation's activities, as identified by management, and ensuring that they are managed effectively. The main risks are revised during the quarterly meetings of the Audit Committee and the Board of Directors.

● Ensuring the integrity of the quality of the Corporation's internal control and management systems.

● Adopting a communications policy that involves the full disclosure of all important matters related to the Corporation's activities, in particular those dealing with how the Corporation interacts with analysts and the public. The communications policy must also outline measures to take to avoid the selective disclosure of information.

● 修订管理层确定的关于公司相关活动的主要风险，并确保其有效管理。主要风险会在审计委员会及董事会每季度会议期间修订。

● 确保公司内部控制和管理体系质量的完整性。

● 采用通讯政策，全面披露与公司活动有关的所有重要事项，特别是处理公司与分析师和公众互动的事项。通讯政策还必须明确阐述避免选择性披露信息的措施。

管　　理

● Developing the Corporation's governance policies and practices and revising governance structures and procedures with respect to the governance standards in effect and in accordance with the best practices considered applicable in this instance.

● Approving the appointment of the Lead Director based on the recommendation of the Human Resources and Corporate Governance Committee.

● Developing and approving the job descriptions for the Chairman of the Board and committee presidents as well as for the Lead Director.

● Adopting a written code of conduct and ethics that applies to the Corporation's officers and employees and revising and modifying it where necessary. The Board of Directors is responsible for ensuring that the code is respected. The Board, or a Board committee, may grant dispensations to directors or senior management with regard to the code.

● Implementing, in co-operation with the Lead Director, a procedure to follow for evaluating the effectiveness and contribution of the Board and its members as well as the Board committees and their members.

● Assessing and approving the contents of important disclosure documents, namely the Annual Information Form, the Management Proxy Circular, as well as any document that the Corporation must disclose or file with the appropriate regulatory authorities.

● Ensuring that the appropriate measures are implemented to promote communication with clients, employees, shareholders, investors and the public.

● 制定公司的管理政策和做法，参照同种情况下适用的最佳做法，修改现行管理标准的结构和程序。

● 根据人力资源部门和公司管理委员会的建议批准首席董事的任命。

● 制定和批准董事会主席、委员会主席以及首席董事的岗位职责。

● 采用适用于公司高级职员和员工的书面行为规范与道德准则，并在必要时进行修改。董事会负责确保此准则受到足够的重视。董事会或董事会委员会，可以授予董事或高级管理人员关于此准则的豁免权。

● 与首席董事合作，共同执行评估董事会及其成员、董事会委员会及其成员的效率和贡献的程序。

● 评估和批准重要信息披露文件的内容，即年度信息表、管理委托书，以及公司必须向适当监管机构披露或归档的文件。

● 确保采取适当措施，以促进与客户、员工、股东、投资者和公众的沟通。

4.4.4　强化对新老董事的管理与培训

Couche-Tard 公司针对新老董事都有明确的培养规定和继续教育的计划，这样的规定和计划以不断提高董事成员的能力为目标，为此公司采取了多种形式的措施，强化了多种类型的活动。

关于这个方面的内容具体可见以下描述：

The Corporation's orientation process for all new members of the Board of Directors encompasses presentations made by various officers and key executives primarily related to the Corporation's organizational structure and the nature and operation of its businesses both in North America and in Europe. In addition, an overall view of the role of the Board and its Committees is discussed as well as the contribution individual directors are anticipated to make. All new directors are provided with a director's guide that contains up-to-date documentation including, among other things, basic information on the Corporation and its industry. The director's guide is updated on an annual basis and re-circulated to all the members of the Board.

The Corporation's continuing education process is overseen by the Lead Director who ensures that the directors have access to continuing education and information on an ongoing basis. The Corporation encourages its directors to attend seminars and other educational programs and to report back to the Board on the quality of such programs.

Directors also interact with executives and senior management at every Board meeting where they are exposed to a wide variety of presentations on business growth strategy and on the overall outlook of the Corporation's worldwide operations and challenges. In addition, throughout the year, the directors are provided with educational reading materials and presentations on corporate governance, financial strategy, risk assessment, disclosure requirements as well as other topics. The Corporation holds a special meeting every year dedicated to providing the directors with an in depth training session on its business activities allowing them to increase their knowledge of the industry and business activities globally.

对董事会新成员的企业定位过程要求与公司组织结构和性质相关及在北美和欧洲业务运营有关的各管理人员和主要行政人员进行业务陈述。此外，针对董事会及其委员会作用的总体观点以及预期个别董事应做何贡献进行了讨论。所有新董事均被提供包含最新文件的董事指南，其中包括有关公司及其本行业的基本资料。董事指南每年更新，然后再发给所有董事会成员。

企业继续教育部分是由首席董事负责，首席董事要确保所有董事都能不断获得继续教育的机会和相关资讯。本公司鼓励董事出席研讨会及其他教育课程，并向董事会汇报该课程的质量如何。

董事还要在每一次董事会议上与行政及高级管理人员相互交流，会议中他们可以得到关于业务增长战略、公司全球业务整体展望与挑战等内容的全面介绍。此外，董事还会收到本年度内有关公司管理、财务策略、风险评估、披露要求及其他主题的教育资料及简报。公司每年举行一次特别会议，向董事们提供深入的业务活动培训，使他们能够增加全球范围内对本行业及业务活动的认识。

4.4.5　明确和规范董事的商业道德行为

与多数美国和英国以及加拿大本国的杰出公司一样，Couche-Tard 公司也为管理人员和员工制定了一套道德行为准则，这个准则由人力资源部门和公司管理委员会负责在公司内部实施。

根据相关规定，Couche-Tard 公司的每一名员工在入职之时就会收到这本准则，该准则在全公司内被认可和执行。

与多数企业的此类准则一样，其主要内容也是关于处理利益冲突，公司资产的使用，公平对待客户、供应商、竞争对手和其他公司员工等方面的问题。此外，Couche-Tard 公司的准则还包括了通讯政策，其目的是确保由公司授权的代表按法律法规要求及时向投资大众披露公司相关问题资讯。根据准则，公司所有雇员必须报告任何与准则或法律法规不符的活动。

在这个准则当中有专门针对董事们的规定，具体内容如下：

The Corporation has adopted a code of ethics and conduct for its board members which stipulates namely that a director who finds himself in a conflict of interest during any Board of Directors or Committee meeting must immediately declare his/her interest and refrain from participating in any discussion about the conflicting issue or from voting thereon.

　　公司采用了为董事会成员制定的道德行为守则，此守则规定董事们一旦在董事会或委员会会议期间发现自己处在利益冲突之中，就必须立即声明自己所涉及的利益关系，不要参与冲突问题有关的任何讨论或投票。

4.4.6　严格选择和选拔新董事

　　Couche-Tard 公司在选择新董事时，主要由人力资源部门及公司管理委员会向董事会评估及推荐新提名的董事人选，然后由董事会决定新董事所需的技术、能力和个人特质，以期为股东创造价值。有时，Couche-Tard 公司也会借助招聘公司的帮助。新董事候选人是由人力资源部门、公司管理委员会、首席董事、创始人和执行主席，或如有必要由董事会成员来面试。在这个过程当中，人力资源部门和公司管理委员会将向董事会提出建议。

　　如何确保人力资源部门和公司管理委员会可以公正和高效地履行这一职责呢，看一下这两个单位的成员构成或许就能找到答案，以下是其公司对这两个单位构成的说明：

The Human Resources and Corporate Governance Committee is exclusively comprised of independent directors. The members are Mrs. Mélanie Kau, Mrs. Nathalie Bourque and Mr. Daniel Rabinowicz. By their experience, education and involvement in the business world, two of the three members are experienced in compensation matters.

　　人力资源部门及公司管理委员会由独立董事组成，成员是梅兰妮·卡乌夫人、娜塔莉·布尔克夫人和丹尼尔·拉宾诺维奇先生。几位在商界经多见广，教育背景深厚，从业多年，其中两位在薪酬方面经验丰富。

4.4.7　强化董事会成员的评估与薪酬管理

　　Couche-Tard 公司对董事会成员的评估工作由人力资源部门和公司管理委员会负责。如前所述，人力资源部门和公司管理委员会由董事会建立，具有严格的独立性和客观性，它们的主要任务就是协助董事会履行与人力资源和公司管理有关的职责，主要内容包括薪酬事项、建立继任计划和培养包括董事会成员在内的高级管理人员等。公司管理委员会有责任向董事会评估及提出有关公司高管薪酬、公司股权项目及奖励薪酬计划、政策及项目的建议。

　　为了强化对于董事成员的评估与管理，人力资源部门、公司管理委员会，连同董事会创始人、董事会执行主席及首席董事，对连任提名的董事就其上一年的业绩和贡献进行审查，以确保他们依法仍然有资格当选。Couche-Tard 公司管理委员会负责每年复核董事会的规模，并向董事会报告。此外，首席董事亦会亲自与各董事会面，评估董事会及委员会的运作情况、个别董事的参与情况、为董事提供的资料充分与否及董事会与管理层之间的沟通状况。其后，首席董事向人力资源部门及 Couche-Tard 公司管理委员会汇报。

　　基于以上介绍可知，Couche-Tard 公司对董事会成员的评估工作进行得一直非常严格，而对于董事成员的薪酬管理也一直进行得非常严谨，以下是 Couche-Tard 公司关于这个方面的情况介绍：

This Committee, together with the Lead Director and the Founder and Executive Chairman of the Board of Directors, is responsible for proposing policies and practices for the compensation of directors to ensure that compensation realistically reflects the responsibilities and risks involved in carrying out their mandate as directors, as well as means for encouraging directors to hold shares in the Corporation. The Committee takes into account, in particular, the work load and comparative figures on the compensation of board members of a group of comparable Canadian companies with North American operations. During the fiscal year 2014, in determining compensation for executive officers, the Committee reviewed a survey of compensation practices of a peer group of Canadian and U.S. companies in the retail and manufacturing (food) industries, to benchmark compensation against the median (50th percentile) of the peer group. Such survey is reviewed every two years. Following such review, the Committee recommended a Board compensation policy, which was approved by the Board.

　　管理委员会，连同首席董事、董事会创始人及执行主席负责对董事薪酬问题提出政策和常规做法，以确保薪酬能实事求是地反映董事在其位时所承担的责任与风险，以及鼓励董事持有公司股份。委员会特别考虑到加拿大公司与北美业务的董事会成员的工作量和薪酬比较数据。在 2014 财年，在确定高管人员薪酬时，委员会审查了加拿大和美国零售和食品制造行业同行薪酬的状况，以中值（第五十位数）的对等组为基准薪酬参照。这种审查每两年进行一次，审查之后，委员会建议董事会通过董事的薪酬政策。

第5章　森科能源公司的企业文化与企业管理

本章主要介绍和分析的是加拿大第六大公司，即森科能源公司的企业文化与企业管理，从公司的名字就可以看出，这是一家能源类企业，在北美能源公司当中位列第五，开展的是综合性业务。

本章内容共分为六节。

其中，5.1 节依然沿用前面的做法，介绍森科能源公司的企业基本情况及其完整的成长过程。

5.2 节介绍和解读森科能源公司企业使命的内容，并分析其自形式表达到内容设计以及细节安排等各个方面的特点。

5.3 节介绍和解读森科能源公司企业愿景的内容，及其与企业使命在描述形式与内容上的相同之处。

5.4 节介绍和解读森科能源公司的企业价值观，在这一节当中，首先介绍其企业价值观的内容，包括"安全至上"、"尊重"、"做正确之事"、"更上层楼"和"勇于奉献"；其次解读其价值观的内涵及其与美国和英国企业相关性内容之间的比较。

5.5 节介绍森科能源公司总裁兼首席执行官史蒂夫·威廉姆斯（Steve Williams）在企业可持续发展报告上的致辞，并从其致辞当中梳理可以为其他企业借鉴和参考的相关思想。

5.6 节介绍森科能源公司等同于企业行为准则的商业行为政策，并从中选择部分政策及其生成的指导思想进行介绍，以帮助读者了解此类公司在制定企业行为准则时所坚持的依据。

5.1　森科能源公司企业基本情况介绍

森科能源公司也可以翻译为太阳能源公司，它是起源于美国的一家加拿大企业，这家公司在 2014 年的世界排名为第 282 位，2015 年退步了 35 名，至第 317 位。它在 2015 年的营业收入为 $36\,664 \times 10^6$ 美元，利润收入为 $2\,444 \times 10^6$ 美元。根据森科能源公司的利润水平与前面几家公司的对比可知，能源类企业的利润水平介于餐饮、零售企业与金融服务机构之间。

关于森科能源公司的企业基本情况，在其网站上有着比较详细的介绍，其以森科能源公司的发展历史为线索，同步阐述了这家公司的经营与发展理念以及在创业过程当中勇于打拼的故事。

以下就是从森科能源公司网站上找到的相关于这家企业的情况介绍，它比前面四家企业当中的任何一家都要详尽：

Energy is delivered to and experienced by people in every country across the globe. It is vital to the world we live in and the quality of life we enjoy.

As Canada's leading integrated energy company, we know that, together with our stakeholders, we need to look beyond the energy needs of today and understand what is required for the future. Sustainability is about seeing the big picture, and working together towards better, more sustainable solutions.

In 1917, the U.S.-based parent company, Sun Company, conducts business in Canada supplying lubricating oils, kerosene and spirits to war plants in the Montreal area. In 1919, the first Canadian office opens in Montreal as Sun Company of Canada.

During these early years, Sun Company also supplies fuel oil and gasoline brought in by rail from the U.S. and the company expands by opening offices in Toronto and London, Ontario. "Blue Sunoco", a single grade, no-lead product replaces previously sold gasolines.

Meanwhile, in a lab at the Alberta Research Council in Edmonton, Dr. Karl Clark works on the hot water extraction process that separates oil from sand—a process originated in 1923 and still used today.

The 1960s is the birth of the company's future. The U.S. parent company invests $250 million to establish the Great Canadian Oil Sands project in Fort McMurray. Some deem it "a daring venture into an unknown field" and "the biggest gamble in history." It is the largest, single private investment in Canada's history.

Construction begins in 1964, with then president and chairman J. Howard Pew, saying, "I am convinced this venture will succeed, and it will be the means of opening up reserves to meet the needs of the North American continent for generations to come."

The 45,000 barrel per day project officially opens on September 30, 1967.

Memories of the tough 1980s fade as the exciting 1990s begin. The company transforms from an unprofitable oil and gas company to a dynamic, highly profitable enterprise. The vision of President and Chief Executive Officer Rick George is to be a successful "sustainable energy company."

Numerous changes establish Suncor as a world leader in oil sands mining and processing. Suncor reduces operating costs by switching technology from bucketwheel excavators to truck and shovel mining, and the government changes tax royalties to reduce the risk for oil sands capital investments.

The decade ends with the launch of Project Millennium, a four-year, $3.4 billion expansion to increase production capacity to 225,000 by 2002.

The skeptics said Canada's oil sands could never be developed commercially. In 1967, Suncor Energy proved them wrong. Our people—their perseverance, dedication and innovation—turned vision into reality.

Today, Suncor is Canada's premier integrated energy company, the fifth largest North American energy company and has a place on the global stage as one of the largest independent energy companies in the world.

We provide thousands of well-paid jobs, put millions of dollars into Canadian businesses every year, take action on environmental issues, and support our communities by funding local initiatives.

Our track record as an oil sands pioneer is both cause for celebration and inspiration for the future. Look to Suncor to continue leading the way—expanding our oil sands operations to one of the world's largest positions, developing renewable energy and investing in new technologies to improve our environmental performance. We're still making history.

能源被输送到世界各地以让人们体验使用，它与我们生活的世界和我们享受的生活品质息息相关。

我们知道，作为加拿大领先的综合性能源公司，我们与我们的利益相关者要目光高远，不仅仅要看到今天的能源需求，还要了解未来需要什么。可持续发展是着眼于大局，携手朝着更美好，更可持续的明天进发。

1917 年，总部设在美国的太阳公司首次在加拿大开展业务，向位于蒙特利尔地区的战争工厂供应润滑油、煤油和烈酒。1919 年，太阳公司在加拿大蒙特利尔开设第一间办事处。

在早年间，太阳公司还通过铁路从美国输送燃油和汽油等，该公司在多伦多、伦敦和安大略设立办事处、扩展业务。仅"蓝色太阳石油"一个等级不含铅的产品就取代了以前出售的所有汽油品类。

同期，在埃德蒙顿阿尔伯塔研究委员会的一间实验室，卡尔·克拉克博士在热水提取过程中将油与沙子分离——这一过程从 1923 年沿用至今。

在 20 世纪 60 年代，公司在同行业的发展中崭露头角，美国总公司在麦克默里堡投资 2 亿 5 千万美元建立加拿大油砂公司。一些人认为此举"大胆涉足未知领域"，是"历史上最大的赌博"。事实上，这确实是加拿大历史上规模最大的单一私人投资。

建设始于 1964 年，当时的总裁兼董事长 J. 霍华德·尤，说："我相信此举必然取得成功，这意味着储备将被打开，以满足北美大陆世世代代的需要。"

1967 年 9 月 30 日，每天 45 000 桶计划正式启动。

随着激动人心的 20 世纪 90 年代的到来，20 世纪 80 年代的艰辛记忆开始褪色，因为公司实现了从一个无利可图的油气公司到一家充满活力的高利润企业的转变。总裁兼首席执行官里克·乔治将企业愿景设定为使公司成为一家成功的"可持续能源公司"。

无数次的改革最终奠定了森科公司油砂开采和加工世界领袖的地位。森科公司通过技术转换，即从斗轮挖掘机转换成车铲挖掘来降低营运成本，而政府调整个税也降低了油砂投资风险。

20 世纪 90 年代结束后，"千禧计划"开始，为期 4 年，34 亿美元的扩大投资将生产能力提升至 2002 年的 22.5 万桶。

怀疑论者说，加拿大的油砂永远无法实现商业化发展。然而 1967 年，森科能源公司以事实证明他们错了。我们的员工——以其坚韧不拔的毅力、孜孜不倦的奉献和创新精神——将愿景变成了现实。

今天，森科公司是加拿大首屈一指的综合性能源公司，北美第五大能源公司，作为世界上最大型的独立能源公司之一在国际舞台上占有一席之地。

我们提供数以万计的高薪工作，每年将数百万美元投入到加拿大的企业，对环境问题采取行动，并资助当地社区活动。

我们作为油砂领域拓荒者的历史，既是值得庆祝的，又是对未来的启示。期待森科公司继续一路领先——扩大油砂业务，争处世界前沿地位，发展可再生能源，投资新技术，以期改进我们的环境。我们仍在创造历史。

5.2　森科能源公司的企业使命及其解读

5.2.1　森科能源公司的企业使命

与其他加拿大公司一样，森科能源公司在谈论企业使命时，使用尽可能简短的语言描述自己企业的发展诉求。

森科能源公司的企业使命描述如下：

At Suncor we have a mission that defines our core purpose and helps to direct our actions and activities. We create energy for a better world. This is our core purpose, and what we aspire to every day.

在森科我们的企业使命是确立核心目标并用于指导我们的行为与活动。为更美好的世界创造能源，这就是我们的核心目标，也是我们每天的追求。

5.2.2　关于森科能源公司企业使命的解读

针对森科能源公司的企业使命可以从以下几个角度进行分析：

首先，从形式上看森科能源公司的企业使命，它的特点是"言简意赅"，即意思表达既直接又清楚。

关于企业使命的表述方式，前文中作者曾经提及两种比较理想的模式，而事实上，无论企业采用何种模式，只要能够充分表达自己的发展诉求就够了，让人看得懂，记得住，感觉有意义，它就成功了。

其次，从内容上看森科能源公司的企业使命，它的核心思想只有十一个字，那就是"为更美好的世界创造能源"。字数虽然不多，但是已然体现了企业所在行业的特性，并且使用了具备感召力量的词汇，如"美好"和"创造"等表达了企业的追求。如此界定"企业使命"之内容，是值得欣赏的。如果，再跟进一个解读性的描述就会更加完美。

最后，森科能源公司还使用补充性的语言将这一企业使命具象化了，"这就是我们的核心目标，也是我们每天的追求"。作为核心目标，它是"高大上"的，也最能体现企业使命的特质；而作为每天的追求，则是接地气的表述，它让"高大上"的核心目标与企业全员的日常行动实现了有机对接，有了这种既远又近的对接才能更好地发挥企业使命对于企业发展的引领作用。

事实上，对于企业使命的描述虽然要使用一些表达"长远性"、"战略性"、"行业性"、"地域性"及"激励性"，甚至是"鼓动性"的语言，但是绝对不能追求"高冷"的效果，否则会让员工感觉"高处不胜寒"且"追也追不上"，从而失去它的意义。

通观森科能源公司的企业使命以及企业愿景和企业价值观，还可以发现森科能源公司在介绍这些精神文化要素之内容的同时，都会说明该要素在企业发展过程当中的作用，如针对企业使命的说明就是"在森科我们的企业使命是确立核心目标并用于指导我们的行为与活动"。

针对这一特点，后文中将结合森科能源公司企业愿景和企业价值观的介绍做出进一步的分析。

5.3　森科能源公司的企业愿景及其解读

5.3.1　森科能源公司的企业愿景

与企业使命界定时的惜字如金不同，森科能源公司在描述其企业愿景时采用了较多文字，以清楚地阐述自己的当下定位与未来发展之路。

以下是森科能源公司企业愿景的具体内容：

We have a vision that describes our view of the future and our place in it.

Suncor's vision is to be trusted stewards of valuable natural resources. Guided by our values, we will lead the way to deliver economic prosperity, improved social well-being and a healthy environment for today and tomorrow.

This is where we see ourselves and our company in the future. In other words, it's our view of Suncor's place in the world.

我们有一个愿景，借助它可以勾画我们的未来蓝图，并让我们在来日可以自成一隅。

森科的企业愿景就是成为宝贵自然资源最可信赖的管家。无论是现在还是未来，我们将以价值观为导向，引领经济繁荣，社会福利改善和环境健康的未来之路。

这就是我们自己和公司的未来之路。换句话说，也就是我们森科在世界上的定位。

5.3.2　关于森科能源公司企业愿景的解读

分析森科能源公司的企业愿景描述可知，与其介绍企业使命时所采用的路径相同，其也是首先说明了企业愿景在整个公司发展过程当中的作用，然后再介绍企业愿景包括哪些方面的内容，即"我们有一个愿景，借助它可以勾画我们的未来蓝图，并让我们在来日可以自成一隅"。

如此这般开始表述企业愿景的公司在西方英语系大国公司企业文化研究系列当中还不多见。在我们所选择的美国和英国二十家案例企业当中有过类似描述的企业只有美国的埃克森美孚石油公司一家，其企业愿景是"埃克森美孚公司的企业愿景激励人们在我们所处的行业的各个领域都要保持领先的优势"，"那就要求我们公司的各种资源包括财务、管理、技术和人才都能够得到合理的使用以及正确的评价"。

通读森科能源公司的企业愿景可以发现，它的核心思想其实就是一句话，即"森科的企业愿景就是成为宝贵自然资源最可信赖的管家"，或者也可以理解为"成为宝贵自然资源最可信赖的管家"。同样，这句话的特点也是"言简意赅"，一共只有十五个字，在形式上和内容上都保持了与其企业使命描述相一致的风格。

此外，在森科能源公司的企业使命当中使用的两个关键词给人们留下了深刻的印象，这两个关键词分别是"美好"与"创造"；而在其企业愿景中，森科能源公司又使用了两个关键词"宝贵"和"信赖"来表达，同样让人印象深刻。其中，前者修饰的是自然资源的价值性；后者虽然加上了一个被动式，它对企业的要求却是"主动去追求"，追求一种被客户、社会、员工和其他相关利益方"信赖"的境界。

当然，如果只是这样一句话，还是略显"高冷"，并不足以说清楚森科能源公司现在与未来到底要做什么，所以它们又补充了一个说明，即"无论是现在还是未来，我们将以价值观为导向，引领经济繁荣，社会福利改善和环境健康的未来之路"，有了这句话作为补充，森科能源公司的企业愿景就变得丰满。

最后，森科能源公司又为自己的企业愿景做了进一步的界定，即"这就是我们自己和公司的未来之路。换句话说，也就是我们森科在世界上的定位"，这一界定与前面开头处的强调相互呼应，其目的是要引起企业员工以及企业外人员对森科能源公司企业愿景的认知和认同之意，以及重视和尊重之情。

类似的做法也被应用于前面关于其公司之企业使命的界定上，即在描述企业使命的内容后跟进了一句以说明其在公司发展过程当中的地位的话语，如"这就是我们的核心目标，也是我们每天的追求"。

经由企业使命和企业愿景两个精神文化要素的分析可以看出，森科能源公司在设计它们时所坚持的一种统一风格，这是一个很好的做法。事实上，一家公司如果希望其企业文化能够发挥统一功能的话，那么首先就要保证在设计它的各个方面内容时必须使用统一的方式与路径。

5.4　森科能源公司的企业价值观及其解读

5.4.1　森科能源公司的企业价值观

森科能源公司在描述自己的企业价值观之前，也与前面描述其企业使命和企业愿景时采用了相同的做法，就是先行界定其企业价值观的作用。

　　企业价值观对于森科能源公司来说有什么样的作用呢？对此森科能源公司的认识如下：

Our values are a set of beliefs that guide our behavior and help us to deliver our mission and realize our vision.Our values are our guiding principles——our constant set of beliefs. They define the way we do business each and every day.

　　我们的价值观是引导我们的行为，帮助我们实现企业使命和企业愿景的一系列理念。价值观是我们的指导原则，是我们永恒不变的信念，决定了我们每天做事的方式。

　　森科能源公司的企业价值观对于企业发展非常重要，而这重要的企业价值观又包括以下五个方面。

　　（1）Safety above all else

Do it safely or don't do it.

　　（2）Respect

Being our best. Giving our best. Showing we care.

　　（3）Do the right thing

The right way, with integrity.

　　（4）Raise the bar

Pursue with passion. Always add value.

　　（5）Commitments matter

We are all connected and part of something bigger.

　　（1）安全至上

不安全，决不做。

　　（2）尊重

力争完美，提供最好，真心关注。

（3）做正确之事

走正道，守诚信。

（4）更上层楼

热情追求，永创价值。

（5）勇于奉献

我们彼此相连，同属一体。

5.4.2　关于森科能源公司企业价值观的解读及其与美英企业的比较

从总体上看，森科能源公司的企业价值观是一个非常精心的设计，而且特点比较明显，如果把这五个价值观连接起来进行描述的话，会让读者感觉到非常激动人心的力量，即"不安全，决不做"，如果做就要做到"力争完美，提供最好，真心关注"，为此企业要 "走正道，守诚信"，员工要"热情追求，永创价值"，而且全体成员之间还要做到"我们彼此相连，同属一体"。

森科能源公司的第一个价值观要表达的思想是"如果做就要保证安全，否则宁可不做"，该思想体现了公司对安全的高度重视（安全对于森科能源公司为什么重要，公司如何做才能确保安全，相关内容可见后面其公司总裁的致辞，在致辞中对此有着详细的说明）。通常而言，持有这样的价值观尤其是把这样的价值观放在首位的企业一般都是能源、电力、航空航天领域的公司，行业的特质决定了它们的首要发展理念必须是重视安全，包括人的安全、资源的安全、生产的安全和财产的安全等。

在美国的十家杰出公司当中，非常重视"安全"这一价值观并且把它放在企业价值观体系首位的是马拉松原油公司，这家公司的五个价值观分别如下：①重视健康和安全；②加强环境管理；③开放和诚实；④建立友好的社区合作关系；⑤结果导向。

在美国的十家杰出公司当中，同样重视"安全"这一价值观的企业还有波音公司，只不过波音公司将其放在了七个价值观当中的第三位，其价值观的具体排序情况如下：①诚实；②质量；③安全；④多样性和内部提升；⑤信任和尊重；⑥做良好的企业公民；⑦确保利益相关者的成功。

在十家英国的杰出公司当中，同样把"安全"这一价值观放在企业价值观体系第一位的包括英国石油公司、南苏格兰电力和英国森特理克集团三家企业。其中，英国石油公司的五个企业价值观分别如下：①安全；②尊重；③卓越；④勇气；⑤团队。南苏格兰电力的五个企业价值观分别如下：①安全；②效率；③可持续性；④卓越；⑤团队合作。英国森特理克集团的五个企业价值观分别如下：①优先考虑安全；②满足不断变化的客户需求；③确保能源为社会添砖加瓦；④保护环境；⑤积极的员工和合作伙伴关系。

除了这三家企业以外，金巴斯集团也很重视"安全"这一价值观，只是把它放在了第五位，这家公司的五个企业价值观分别如下：①开放、信任和诚实；②追求品质；③通过团队合作赢得胜利；④责任；⑤安全可行。

通过以上举例还可以看出一个有趣的现象，即西方英语系大国之杰出公司在设计和使用其企业价值观时喜欢采用的数量是"五个"，在以上所举之企业案例当中，除了波音公司一家以外，其他企业都是这样做的。与之相对应的，中国的企业在设计企业价值观或者等同于企业价值观的企业精神时，通常选择的数量是"四个"。中国企业为什么喜欢选择四个企业价值观或者企业精神甚至是企业理念呢？前文中作者曾经分析过，一是因为中国文化在表述形式上喜欢对仗；二是因为太多了不容易记忆，而太少了又不能达意。

森科能源公司的第二个价值观可以说是"尊重"，但不是一般意义上的尊重，不是客客气气、礼貌待人，而是对自我的一种严格要求，具体如下：

（1）尊重他人，首先要做好自己，做好了自己才有能力去"真正"地尊重他人。

（2）尊重他人，就要给他人提供最好的产品和服务，只有给他人提供了最好的产品和服务时，这种尊重才会变得非常"真实"。

（3）尊重他人要发自内心，而不能停留在表面形式上，如果不是发自内心的尊重就不是"真正"意义上的尊重。

基于以上分析可知，如果用"三真"的思想来概括森科能源公司的第二个价值观是比较恰当的，这"三真"就是"真正尊重"、"真实尊重"和"真心尊重"，有此"尊重"的思想与行为则必然会受他人的"尊重"和"信任"，有了他人的"尊重"和"信任"，"天下就没有做不成的企业"。

在十家美国杰出公司当中，也有三家企业把"尊重"这一思想设计为自己的企业价值观，其中雪佛龙公司将其视为企业的第三价值观，其表述是"尊重多样性"。威瑞森电信将其视为第二价值观，其四个企业价值观的内容分别如下：①诚实；②尊重；③追求优秀的绩效表现；④责任。波音公司将其视为第五价值观，其表述是"信任和尊重"。

在英国十家杰出公司当中有两家企业也把"尊重"定为自己的价值观，这两家公司分别是英国石油公司和力拓集团。其中，力拓集团将其视为企业的第一价值观，英国石油公司将其视为企业的第二价值观。

森科能源公司的第三个价值观内含的是中国传统文化的思想，即"走正道"和"守诚信"。

关于"诚信"这一西方企业最看重的价值观的内容及其于各个企业当中的地位，在前文介绍和解读乔治威斯顿公司和加拿大皇家银行的企业文化与企业管理时已经做过分析，而且在《美国杰出公司企业文化研究》和《英国杰出公司企业文化研究》两书当中也多次论述，故于此不再重复。

关于"走正道"的思想，它实际上就是"做正确之事"的基础，如果以个人为目标而对之做一下延伸的话，可以将之扩展为十个字，即"走正道，做好人，好好做事"。将这十个字的思想转化为企业发展的理念就是"走正道，做有良心的企业，好好地为客户、股东和社会服务"。有此理念作为指导的公司，是有智慧的公司，它们借此不仅可以做成功的企业，而且还可以成就伟大的企业。

在美国和英国的二十家杰出公司当中，也有一家企业即苏格兰皇家银行集团把"做正确之事"视为自己的价值观，这是苏格兰皇家银行集团四个企业价值观当中的第三个。

森科能源公司的第四个价值观是一个很有意思的也比较少见的提法，译成中文就是"更上层楼"。而什么是"更上层楼"呢？可以用八个字进行概括，即"热情追求，永创价值"。基于这八个字表达的思想既很好理解，也比较具有激励性，与之相近的描述出现在如下几家美英两国的杰出公司当中，具体如下。

（1）雪佛龙：追求优秀的绩效表现。

（2）英国石油公司：卓越。

（3）威瑞森电信：追求优秀的绩效表现。

（4）乐购集团：竭尽全力为顾客服务。

（5）宝洁公司：积极求胜。

森科能源公司的第五个价值观表达的内容是"勇于奉献"，或者说"奉献最为重要"。对"奉献"这样的价值观，中国的企业是非常熟悉的，这个词汇经常会出现在中国公司的企业文化当中。可是，"向谁奉献"、"为什么要奉献"及"奉献什么"，这三个问题必须说清楚，否则"奉献"这样的价值观还是不提为好，提了又不说清楚会引起员工的反感。而森科能源公司在谈到这一价值观时给出的理由是"我们彼此相连，同属一体"，因为是一体的，所以奉献他人就是在帮助自己，因此这样的奉献是有价值的，也是真实的。

关于"奉献"这一价值观在西方企业当中是不多见的，在美国和英国二十家杰出公司当中无一企业提及类似的价值观，相关的思想可以使用"团队合作"或者"责任"这样的词汇进行表述。

为什么会这样呢？这是因为企业毕竟不同于社会组织，更不同于公益组织，谋取利益、谋求利润是企业发展的内在动力，抛开了这一点不论，而只谈奉献对于企业组织而言是不现实的。同理，员工在企业工作的目的是什么，当然也是谋利的，也是要谋求收益的，这是他们要生存的基础，谈之正常，不谈之则不正常。基于这样一种考虑，可以断定：对员工空谈奉献而不谈利益是一种极其虚伪的表现。

不虚伪地谈奉献不等于不可以谈奉献，在什么样的前提下可以谈奉献呢，那就是首先要正视员工的收益，考虑价值分享；其次要重视员工的发展，考虑谈价值创造；最后在此基础之上再谈员工的奉献，这时所说的员工奉献是基于员工对企业的认同，认定了自己企业主人的身份以后发自内心的一种感情流露，即"谈之有意义，谈之有真价值"。

事实上，如果真的到了这种境界时，奉献之说已经不必再提，奉献之行动应当遍及企业。

5.5　森科能源公司的企业家致辞及其管理思想解读

5.5.1　森科能源公司的企业家致辞

根据西方英语系大国杰出公司的传统，多数企业会在其网站上发表年度报告、年度可持续发展报告、年度多样性发展报告、员工行为准则执行情况报告等。这些报告除了向员工和公众提供一些企业发展的说明、成果描述、经营动态和大量数据以外，还会为企业家建构一个平台，得以让他们发表致辞以阐述企业发展的理念、经营哲学、企业价值观、企业宗旨、企业愿景，以及企业家个人在经营与管理企业方面的经验与心得等。

森科能源公司总裁兼首席执行官史蒂夫·威廉姆斯（Steve Williams）在企业可持续发展报告上的致辞就具备以上所说之种种用意。其致辞的具体内容如下：

Each year, our Report on Sustainability provides us with an opportunity to reflect — on our performance over the past 12 months, as well as on the challenges and opportunities facing us going forward.

The recent decline in oil prices has created challenging times—for Suncor, the oil industry and the economies in which we all operate. Like others, we've had to make some tough choices. We've:

- reduced our 2015 capital budget.
- cut operational spending.
- deferred some projects until market conditions improve.

• reduced the size of our workforce.

These were painful, but necessary, decisions aimed at ensuring Suncor emerges strongly from swings in commodity prices.

But it's important to note that programs related to Suncor's safety, reliability and environmental performance were specifically excluded from budget cuts. For us, leadership in these areas is not just a responsibility; it's part of a proven business model that's allowed us to successfully operate and grow through good times and bad. Our discretionary spending reductions were made in a thoughtful way, with a focus on how to achieve the same results with less cost, by setting priorities or by eliminating non-essential work.

（1）Stakeholder concerns

As we navigate through these uncertain times, we can't forget what we've heard from stakeholders:

• Can we sustain our commitment to developing the breakthrough technologies required to meet long-term environmental and production challenges?

• Will we continue to address the social challenges of the communities where we operate?

• Will we stay true to pursuing performance goals?

The answer to all those questions is yes. While it's obviously easier to lead when the economic and social climate is stable and prosperous, it's even more important in an era of change and uncertainty.

The world is changing in ways that go well beyond commodity price trends. We are all connected in ways we couldn't have imagined even a decade ago.

I see this in younger generations, who grew up connected through Facebook, Instagram and Twitter. They understand the challenges we face—including climate change, poverty and sustainable energy development—are global in nature. So are potential solutions.

（2）Energy system transition

It's also clear our energy system is in an era of change. As we try to meet growing global demand, energy experts still point out that hydrocarbons will continue to be a key source of reliable and affordable energy for the foreseeable future and alternative and renewable energy sources become a greater part of the energy mix. Since hydrocarbons are finite resources with an environmental impact, using them wisely will be a big part of making the transition to lower carbon sources of energy.

We know we disturb land, draw on water resources and produce greenhouse gas (GHG) emissions that contribute to global climate change. We have a responsibility to address these impacts, which is why Suncor strives to continuously raise the bar on environmental performance.

We also know that energy, in all its forms, is essential to human progress. It provides mobility, heats our homes and schools, and generates jobs and economic growth. Energy is the bedrock of the developed world.

Oil sands and oil development have an important role to play in meeting our energy needs. But as Canada's largest integrated energy company, we recognize our responsibility to think about our role in the energy system transition and how we work together with broader society on our energy future.

（3）Focus areas

A company like ours faces many challenges and priorities. But in listening to our stakeholders, we have identified 3 key areas where they expect us to make a positive difference:
- water use and water quality.
- GHG emissions.
- partnering with Aboriginal Peoples.

Suncor has been finding innovative ways to reuse and recycle tailings waste and wastewater—initiatives that helped us achieve a 20% year-over-year decrease in water use at Oil Sands in 2014 alone. But we also recognize that, as production increases, we will need to redouble our efforts to manage our freshwater use, including collaborating with industry peers on projects to advance new water recycling, reuse and treatment technologies.

Climate change is a real and growing global challenge and the need to transform to a lower carbon economy is one of the pressing issues of our times. As both a father and an energy company executive, I'm concerned about the legacy that will be left for our children and grandchildren.

By investing in technology and innovation, we will continue to lower the carbon footprint of oil sands. We will also continue to invest in renewable sources of energy, primarily wind power and biofuels, which we know are part of the future energy mix.

But to make a significant global impact on GHG emissions, there needs to be a much broader plan of action on how, as a society, we can best produce and use the energy we require. That's why we engage in partnerships like the recently formed Energy Futures Lab (EFL), which is bringing together diverse interests to discuss how Alberta can play a leadership role in transforming our energy system.

A carbon price is another method of triggering action on climate change. Suncor has long supported the principle of a broadly based carbon levy equitably applied to both energy producers and consumers. In collaboration with Canada's EcoFiscal Commission, we continue to work on progressive fiscal policies that will support economic growth and improved environmental performance.

Many of Suncor's operations are located on or near the traditional lands of Aboriginal Peoples. We have worked over many years to build mutually beneficial relationships and to partner with Aboriginal businesses. But we aspire to achieve much more, including greater participation by Aboriginal Peoples in Suncor's workforce and leadership and helping to improve the educational outcomes and opportunities for Aboriginal youth.

（4）Guided by our values

Our aspirations in all these areas are rooted in Suncor's values, one of which stands above the rest: safety first. At the end of every day, we want to send our colleagues home safely to their loved ones. Sadly, we fell far short of that goal in 2014. Following 5 separate fatalities near our Oil Sands site, we established a Safety Step Change Task Force. Working with the local union leadership, this group developed 16 safety solutions, which we're now implementing. We will not take our focus off these efforts.

Another core value for Suncor is respect for human rights, which is reflected in the collaborative work Suncor and 7 other companies are doing as founding members of the United Nations Global Compact (UNGC) Local Network in Canada. This is part of our continuing support for the UNGC and its 10 Principles, which guide our approach to human rights, labour, environment and corruption – wherever in the world we operate.

Leading change is not something one company, industry, government or stakeholder group can do alone. We can achieve so much more when we collaborate on solutions.

An exciting example of this is Canada's Oil Sands Innovation Alliance (COSIA), a network of 13 companies working together towards step-change in environmental performance. The unique part of COSIA is that fiercely competitive companies are sharing technological discoveries to achieve common goals. They are also using market forces to pursue the public interest. It's a textbook example of taking collaboration to the next level.

Sustainability is about striking a balance between opportunity and risk. Businesses and economies are at risk if we fail to meet society's rising expectations for our performance. But we also have a huge opportunity to mitigate those risks by leading the change that makes a positive difference to our communities, country and world.

We at Suncor want to be a part of that collective effort. We hope you'll join us in helping to build a more sustainable future.

每年，我们的可持续发展报告都会为提供一个机会——以让我们看看在过去的 12 个月里我们的表现如何，以及思考如何面对挑战和机遇。

最近石油价格下跌——森科、整个石油产业以及我们的经济运营状况进入了具有挑战性的时代。和其他人一样，我们不得不做出一些艰难的选择，包括：

- 降低 2015 年资本预算。
- 削减运营开支。
- 递延项目，直至市场状况有所改善。
- 裁员。

这些措施虽然痛苦但又必须去做，它们可以确保避免森科公司出现大幅度商品价格波动。

但值得一提的是，与森科安全性、可靠性和环保性相关的项目并没有被削减预算。对我们来说，在这几方面起带头作用不仅是一种责任，也是让一个企业，无论处在顺境还是逆境，都能成功经营和发展的成熟的商业模式的必要组成部分。我们可自由支配的支出削减是经过深思熟虑的，重点是如何以较少的成本达到相同的结果，这要通过设置优先事项或消除非必要的工作来实现。

（1）利益相关者的关注点

当我们挣扎于经济动荡的时代，我们要将利益相关者的话铭记于心：

- 我们能否信守承诺，开发突破性技术，以满足环境和生产带来的长期挑战？
- 我们将继续解决我们业务所在社区出现的社会挑战吗？
- 我们会坚持追求绩效目标吗？

所有这些问题的答案是肯定的。显而易见，当经济状况和社会风气稳定而繁荣的时候，这么做并不难，而在一个变化的、不确定的时代能做到这几点就很难能可贵了。

世界正在以远远超出商品价格趋势的方式发生变化，我们以十年前无法想象的方式彼此相连。

我在伴随着 Facebook（脸谱）、Instagram（图片分享）和 Twitter（推特）成长起来的年轻一代人身上清楚地看到了这一点。他们明白我们面临的——气候变化、贫困和可持续能源发展等方面的挑战——都是全球性的挑战，应对这些挑战的解决措施也必然要在全球范围内进行。

（2）能源体系的转型

能源体系同样处于一个变革的时代。在我们尽力满足日益增长的全球需求的同时，能源专家们仍然指出，碳氢化合物将在可预见的将来继续成为可靠的和可负担得起的主要能源来源，替代能源和可再生能源将在能源结构中占更大比重。由于碳氢化合物资源有限，还会对环境产生影响，理性地加以利用将是向低碳能源过渡时期重要的一步。

我们知道破坏土壤，过度利用水资源，排放温室气体（GHG）导致了全球气候变化。因而我们有责任消除这些行为所产生的影响，这就是为什么森科公司竭尽所能地在环保性能方面对自己不断提出更高目标的原因。

我们也知道无论哪种形式的能源对人类的进步都是必不可缺的。它让我们出行便利，使我们的家园和学校温暖舒适，创造就业机会并促进经济增长。能源是发达国家的基石。

油砂和石油的开发对于满足我们的能源需求有着重要的作用。但作为加拿大最大的综合性能源公司，我们认识到我们有责任思考在能源系统转型过程中要发挥什么样的作用，思考我们如何为我们的能源未来与更广泛的社会力量合作而努力。

（3）关注领域

像我们这样的公司面临许多挑战和优先事项。但在听取我们的利益相关者关注点时，我们确定了 3 个关键领域，他们希望我们起到积极作用：

- 用水与水质。
- 温室气体排放。
- 与原住民合作。

公司一直在寻求创新的方法对尾矿废料和污水进行回收再利用——此项举措成功地使我们 2014 年油砂用水量减少了 20%。但我们也认识到，随着生产的增加，我们需要加倍努力来管理我们的淡水使用状况，包括与业界同行进行项目合作，以促进新的水回收、再利用和处理技术。

气候变化是实实在在存在的、范围不断扩大的全球性挑战，转变为低碳经济是当今时代最为迫切的问题之一。作为一个父亲和一家能源公司的高管，我很关注我们会给子孙后代留下什么样的遗产。

通过投资技术和创新，我们将继续降低油砂生产中碳的使用量，并将继续投资于风能和生物燃料等可再生能源，这是未来能源结构的必要组成部分。

但是，整个社会需要一个更广泛的行动计划，以对降低温室气体排放产生重大的全球影响，使我们可以最合理地生产和利用我们所需要的能源。这就是为什么最近我们要戮力一心创建阿尔伯塔能源未来实验室的原因，这个实验室将汇集不同的利益，探讨如何使之在能源系统转变方面发挥领导作用。

碳价格是激发气候变化作用的另一种方法。森科公司一直支持向能源生产商和消费者广泛征收碳排放税这一原则。与加拿大经济财政委员会合作，我们坚持不懈地以稳健的财政政策来支持经济增长和提高环保成效。

许多森科的企业所在位置毗邻原住民的传统居住地。多年来我们一直努力与土著企业合作，建立互惠互利的关系。但我们并不满足于此，我们希望更多的原住民到森科工作甚至成为森科的领导，希望改善原住民青年的教育状况并为他们提供更多的机遇。

（4）以价值观为指导

我们所有美好的愿望都根植于森科的企业价值观，其中重中之重是：安全至上。我们希望每天工作结束时，员工都能安全地回到家人身边。可悲的是，在2014年我们远未达成此目标。油砂工地附近的5起不同的死亡事件之后，我们建立了一个安全步骤改变工作组。这个小组与当地工会领导一起开发了16个安全解决方案，这些方案现在正在实施。我们会心无旁骛地坚持做下去。

森科的另一个核心价值观是尊重人权，这主要体现在森科公司与其他七家公司在加拿大成立了联合国全球契约（UNGC）本地网络。这是我们矢志不渝支持联合国全球契约及其10大原则的具体体现，它为我们提供了在全球范围内指导我们应对人权、劳工、环境和腐败等问题的具体方法。

领导变革不是某个公司、某一行业、某个政府或利益相关团体所能独自完成的。当我们合作解决问题时，我们可以取得更多成效。

加拿大的油砂创新联盟（COSIA）这一激动人心的例子可以证明合作的力量。它是由13家公司合作为实现更大环保成效而建立的。对COSIA来说，最为特别的一点是，为实现共同的目标竞争激烈的各公司之间彼此分享技术。他们也利用市场的力量追求共同利益。这是将合作提升到一个新高度的典型范例。

可持续性意味着在机会与风险之间寻求一个平衡点。如果我们不能满足社会对我们表现所提出的越来越高的期望，企业和经济就会面临风险。但我们也有大好的机会来降低这些风险，即通过对我们的社区、我们的国家以至于整个世界产生积极的影响来引领变革。

我们森科想为这种同心协力的努力添砖加瓦，我们期望有你加入，共同创建更加可持续的未来。

5.4.2　关于森科能源公司企业家致辞的解读

分析以上森科能源公司企业家的致辞可以发现，首先可以为中国企业提供借鉴的是发表年度可持续报告这种形式，借用史蒂夫·威廉姆斯在其致辞当中的话说，"每年，我们的可持续发展报告都会为我们提供机会，以让我们看看在过去的 12 个月里我们的表现如何，以及思考如何面对挑战和机遇"。

其次，就其内容来看，这是一个数据充分、表述清楚、思想深刻、见识深远且注重实际的致辞，它与大多数加拿大企业家的致辞风格以及关注重点相一致。可以从中梳理出八个比较重要的句子作为其他企业的参考，在这八个句子当中，最具有普适性意义，也最值得尊敬的两个句子如下：

（1）"作为一个父亲和一家能源公司的高管，我很关注我们会给子孙后代留下什么样的遗产。"

根据这句话得出的反向结论是：如果不考虑子孙后代的需要，而只顾眼前利益的企业家一定是个短视的企业家，他所在的企业一定是个急功近利的组织，仅此一条便决定了这样的企业不会得到世人的尊重。

（2）"当我们合作解决问题时，我们可以取得更多成效。"

根据这句话可以联想到的一句中国古代名言——合则两利，斗则两败。

用另外一句话描述这句话要表达的意思是：只要有机会合作就一定要寻求与他人合作，这是保证企业可以快速发展的一个重要法宝。善用之则胜，不用之则不易胜也。

其中，比较具有普遍性指导意义的两句话如下：

（1）"可持续性意味着在机会与风险之间寻求一个平衡点。如果我们不能满足社会对我们表现所提出的越来越高的期望，企业和经济就会面临风险。"

（2）"当我们挣扎于经济动荡的时代，我们要将利益相关者的话铭记于心。"

结合企业所在行业的特点提出的思想事实上也可以指导其他企业进行思考的四句话如下：

（1）"值得一提的是，与森科安全性、可靠性和环保性相关的项目并没有被削减预算。对我们来说，在这几方面起带头作用不仅是一种责任，也是让一个企业，无论处在顺境还是逆境，都能成功经营和发展的成熟的商业模式的必要组成部分"。

（2）"我们知道破坏土壤，过度利用水资源，排放温室气体导致了全球气候变化。因而我们有责任消除这些行为所产生的影响，这就是为什么森科公司竭尽所能地在环保性能方面对自己不断提出更高目标的原因。"

（3）"我们所有美好的愿望都根植于森科的企业价值观，其中重中之重是：安全至上。"

（4）"我们矢志不渝支持联合国全球契约及其10大原则的具体体现，它为我们提供了在全球范围内指导我们应对人权、劳工、环境和腐败等问题的具体方法。"

当然，在此选择的八个句子只是为了方便读者更加直观地借鉴史蒂夫·威廉姆斯的致辞，并不表示他的致辞只有这八句话有意义。事实上，如果能通篇理解史蒂夫·威廉姆斯的致辞，对企业经营者尤其是大企业的领导者们具有重要的参考价值，这样的致辞所表达的思想才是真正的企业家应该具有的胸怀和见识。

5.6 森科能源公司的商业行为及其政策

森科能源公司的商业行为政策主要包括的内容如下：会计报告与业务控制；商业行为政策声明；与公众沟通；竞争；利益冲突与保密性；外部组织的董事、管理人员、委托人和董事会成员；材料信息披露和买卖股份与证券；免于骚扰和暴力的工作环境；不当支付的预防；报告内部人士；贸易关系和限制个人交易管制；等等。

以上这些指导森科能源公司之商业行为的政策实质上就是其公司的行为准则，由这些行为准则可以反映出森科能源公司独特的企业行为文化与发展诉求。森科能源公司对此的注解如下：

At Suncor Energy, sound legal and ethical business practices are fundamental to our sustainability. Our values and beliefs reinforce our commitment to ethical leadership. To meet this commitment, Suncor will provide detailed policy guidance to our employees and contract workers about our standards of business conduct. We will implement processes to assist our people to understand our expectations for ethical conduct and compliance with all applicable laws. We will encourage dialogue to clarify uncertainty, and create opportunities for our people to communicate concerns without fear of reprisal. We will monitor our ethical environment, and will report about it to Suncor's board of directors.

在森科能源公司，健全的、合法的和道德的商业行为是公司可持续发展的根基。我们的价值观和信念使得我们坚持率先垂范道德做事的承诺。为实现此承诺，公司将为所有员工和合同工提供详细的商业行为标准政策指导。我们将执行相应流程，以协助员工了解什么样的行为是符合道德和守法的行为。我们鼓励员工通过对话弄明白不清楚的事情，并为其创造沟通意见而不用担心受到报复的机会。我们会监控我们的道德环境，并将具体情况报告给森科董事会。

针对上文中所列十二个商业行为政策，森科能源公司还制定了具体的行为标准，以作为企业员工执行的依据，下面选择其中七个以帮助读者进一步了解和理解森科能源公司出台这些行为政策的用意和执行这些政策的程序，具体如下：

（1）Competition and Trade

Those who negotiate or administer our agreements, participate in industry associations or similar groups, or are involved in advertising or promotion, are required to be familiar with local laws regarding competition and trade practices. We must compete fairly and must not engage in prohibited or unlawful trade practices. We should identify, select and do business with suppliers who enhance our competitiveness and who have a consistent vision of sustainability and business ethics. See Suncor's Policy Guidance and Standards on Competition and Trade Relations for details.

（2）Confidentiality

Confidential information, knowledge and data about Suncor belongs to Suncor. Our people must not disclose our confidential information, or confidential information of others received while performing duties for Suncor, without appropriate permission. Our people must take precautions to maintain confidentiality and are prohibited from using confidential information for personal gain. See Suncor's Policy Guidance and Standards on Confidentiality.

（3）Conflict of Interest

Our people must avoid any situation, including outside directorships, trustees or other affiliations, involving a conflict between their personal or family interests and those of Suncor. Employees may serve as directors or trustees of small private businesses and non-profit organizations that are not affiliated with Suncor, as long as the duties don't create a conflict of interest or interfere with an employee's ability to do his or her job. Company assets, including facilities, funds and equipment, are to be used to meet Suncor business objectives, and are not for personal use. See Suncor's Policy Guidance and Standards on Conflict of Interest and Directors, Officers, Trustees and board members of Outside Organizations.

（4）Improper Payments

Our funds and facilities must not be used for any illegal or improper purposes. Bribery, kickbacks or any payment to a person to commit an unlawful act, or to influence a person performing public duties, are prohibited, as is the diversion of assets for personal benefit. See Suncor's Policy Guidance and Standards on Prevention of Improper Payments.

（5）Trading in Shares and Securities

Our people are required to comply with all applicable laws relating to trading in our shares and securities. We will implement appropriate practices, standards and procedures with respect to the disclosure of material information. See Suncor's Policy Guidance and Standards on Disclosure of Material Information and Trading in Shares and Securities.

（6）Respect For People

We are committed to maintaining a business environment that is free from harassment, violence, threats of violence or intimidation. See Suncor's Policy Guidance and Standards on a Harassment and Violence Free Work Environment.

（7）Reports and Communications

Our people are required to comply with all applicable laws and professional standards relating to reporting and disclosure of financial results. We are committed to producing quality public reports and communications, and our people are encouraged to identify issues or concerns to ensure integrity in our processes. See Suncor's Policy Guidance and Standards on Accounting, Reporting and Business Control, Communications to the Public and Business Conduct Compliance Program.

（1）竞争和贸易

所有只要参与谈判、管理协议、参加行业协会或类似的团体、参与广告或推广的人都要熟悉与竞争和贸易有关的当地法律。我们必须公平竞争，不得参与被禁止或非法的贸易行为。我们应该识别与哪些供应商合作可以提高我们的竞争力，并与我们可持续发展愿景和商业道德一致，然后选择他们并与他们做生意。更多细节请参照森科公司《关于竞争和贸易关系的政策指导与标准》。

（2）保密

关于森科公司的机密信息、知识和资料是属于森科公司的，员工不得泄露公司机密信息，没有特定权限时也不得泄露工作中获得的他人机密信息。员工必须采取预防措施，以坚守保密性，禁止利用机密信息谋取私利。具体信息请参照森科公司《关于保密性的政策指导与标准》。

（3）利益冲突

员工必须避免任何与外聘董事、委托人或其他隶属机构人员有关的任何冲突情况，避免个人、家庭利益与公司利益相冲突的状况。员工可以担任不隶属于森科公司的民营小企业和非营利性组织的董事或委托人，但前提是不与森科公司产生利益冲突，不影响其在森科公司的工作表现。公司的资产，包括设施、资金和设备，是用来实现森科公司业务目标的，不可挪为私用。详情请参阅森科公司《关于利益冲突与外部企业董事、管理人员、委托人和董事会成员的政策指导与标准》。

（4）不当支付

我们的资金和设施不得用于任何非法或不正当目的。贿赂、回扣或其他支付给个人的酬劳都属违法行为，影响他人履行公共职责，为个人利益转移资产，都是被禁止的。具体条款请参见森科公司的《关于预防不当支付的政策指导与标准》。

（5）买卖股份及证券

所有员工必须依法遵守有关买卖本公司股份及证券的要求。我们将推出适当的做法、标准和程序来披露材料信息。详见森科公司的《关于披露材料信息和买卖股票和证券的政策指导与标准》。

（6）尊重员工

我们致力于创造一个不受骚扰、没有暴力、远离暴力威胁与恐吓的业务环境。详情参见森科公司的《关于免于骚扰和暴力工作环境的政策指导与标准》。

（7）报告与沟通

员工必须依循法律及专业标准的要求对财务业绩进行报告和披露，我们努力建立高质量的公开报告和交流途径。为确保业务流程的诚信性我们鼓励员工发现问题、保持关注。具体参见森科公司的《关于会计、报告、业务控制、与公众沟通和商业行为合规项目的政策指导与规范》。

第6章 麦格纳国际的企业文化与企业管理

本章主要介绍和分析的是加拿大第七大公司，即麦格纳国际的企业文化与企业管理，其是一家跨国提供汽车零部件的企业，业务遍及二十九个国家。

本章内容共分为六节。

6.1 节介绍麦格纳国际的企业基本情况及其三个重点发展方向，即世界级的制造水准、创新和领导力发展。

6.2 节介绍麦格纳国际的企业愿景，并分析其企业愿景当中所包含的企业宗旨的内容及其在表述形式上的特点。

6.3 节分析和解读麦格纳国际的创新理念，并将之与美国和英国的企业进行对比。

6.4 节介绍和解读麦格纳国际的员工管理理念和方法。在这一节当中，首先介绍的是麦格纳国际的员工理念及其所包含的核心思想，其次将之与美国和英国企业的员工管理理念进行比较，最后分析和解读了其员工管理工作当中所坚持的员工宪章及其六条工作原则。

6.5 节介绍和解读麦格纳国际的行为与伦理准则。在这一节当中，首先介绍的是麦格纳国际首席执行官针对企业行为与伦理准则的致辞，其次介绍的是麦格纳国际企业行为与伦理准则的内容，最后针对其内容进行了解读。

6.6 节介绍和解读麦格纳国际的企业管理经验。麦格纳国际的企业管理有三个基石，即员工宪章、公司章程和运行原则，这三个基石之间有着密切的联动关系。在这一节当中，首先介绍的是麦格纳国际的公司章程及其所包含的八条内容，其次解读的是麦格纳国际的运行原则及其九条原则的具体要求。

6.1　麦格纳国际的企业基本情况介绍

麦格纳国际是全球首屈一指的汽车零部件供应商，在 29 个国家设有 305 家制造工厂、92 个产品开发、设计和销售中心，员工超过 14.7 万名，是一家名副其实的全球性公司。

麦格纳国际在 2014 年的世界排名是第 337 位，2015 年是第 318 位。它在 2015 年的营业收入为 $36\,641 \times 10^6$ 美元，利润收入为 $1\,882 \times 10^6$ 美元。

以下是麦格纳国际网站上关于企业情况的介绍材料：

In the coming years, the majority of growth in auto production and vehicle sales will come from non-traditional markets. China, South America, Eastern Europe and India are all important in this regard, and Magna is not only present but actively growing in each region. Our operations span four continents and 29 countries, giving us a global footprint to support every major automaker in the world. An investment in Magna is an investment in a global network of 305 manufacturing operations and 93 product development, engineering and sales centers.

Our Three Priorities provide a consistent focus across hundreds of facilities located on four continents. We believe the roadmap for our continued success lies at the axis of these priorities, harnessing and guiding our energies in the right direction.

(1)World Class Manufacturing;(2)Innovation;(3)Leadership Development.

在未来几年，汽车生产和汽车销售的主要增长将出现在非传统市场，就这一点而言，中国、南美洲、东欧和印度将是非常重要的国家和地区，麦格纳不仅要进入这些国家与地区，而且还要不断地扩展当地业务。目前麦格纳业务跨越四大洲遍布 29 个国家，这使得我们可以在全球范围内支持世界上每一家主要的汽车制造商。投资麦格纳就意味着投资在全球 305 家制造工厂和 93 个产品开发、设计和销售中心。

四个大洲数以百计的工厂始终如一地坚持三个重点发展方向，即（1）世界级的制造水准；（2）创新；（3）领导力发展。我们相信，我们再续辉煌的关键就在于以这几个重点发展方向为核心，利用和指导我们的力量朝正确的方向发展。

在以上介绍材料当中，麦格纳国际所界定的第一个重点发展方向是，坚持世界级的制造水准成为其公司成功的最为关键的要素，而后面两个重点发展方向，即坚持创新发展和领导力发展是为第一个重点发展方向服务的。坚持创新发展和领导力发展这两个方面的进步，会提升麦格纳国际的世界级制造水准，这三个要素之间的有机联动是麦格纳国际成功发展的重要保证。"我们相信，我们再续辉煌的关键就在于以这几个重点发展方向为核心，利用和指导我们的力量朝正确的方向发展。"

6.2　麦格纳国际的企业愿景及其解读

6.2.1　麦格纳国际的企业愿景

麦格纳国际的企业愿景如下：

We aim to be our customers' preferred global supplier partner for the automotive industry, by delivering the best value built on innovative products and processes and World Class Manufacturing. We strive to be the employer of choice, an ethical and responsible corporate citizen and a superior long-term investment for our shareholders.

我们的目标是通过创新工艺和世界级的制造水准为客户创造卓越价值，进而成为客户在汽车行业的首选全球供应商与合作伙伴。我们身体力行，努力成为最佳雇主，有道德、具责任感的企业公民以及股东引以为傲的长期投资对象。

6.2.2　关于麦格纳国际企业愿景的解读

首先从形式上看，麦格纳国际的企业愿景描述采用的是传统的，也是经典的范式，是作者所推荐的两种范式之一，其特点就是直接且准确地进行描述，并且还不失其激励甚至是鼓动的风格。

其次从内容上看，麦格纳国际的企业愿景表述了企业发展的长远目标，那就是"通过创新工艺和世界级的制造水准为客户创造卓越价值，进而成为客户在汽车行业的首选全球供应商与合作伙伴"。在这个目标描述当中，麦格纳国际不仅有非常清楚的企业定位，而且还描述了企业达成目标的路径，同时也包含了企业战略规划当中的重点发展方向，即创新、世界级的制造水准和成为行业领导者，整个内容看上去十分丰满。

最后从其企业愿景描述的后半部分来看，麦格纳国际企业愿景实质上表达的是企业宗旨的内容，界定了与企业员工、社会和股东之间的关系，即"我们身体力行，努力成为最佳雇主，有道德、具责任感的企业公民以及股东引以为傲的长期投资对象"。当然，这种界定也是一种目标的设定，它包括"成为最佳雇主"、

"成为良好的企业公民"及"成为长期投资对象"三个方面的内容。

另外，类似"成为最佳雇主"、"成为良好的企业公民"及"成为长期投资对象"这样的目标不能单独作为一个企业的企业愿景。事实上，这三个目标可以成为任何一家公司的企业愿景，所以其不能够单独成为特定一家企业的企业愿景，否则企业将在精神文化要素的表述上完全失去个性。

6.3　麦格纳国际的创新理念及其与美英企业的比较

在麦格纳国际的企业情况介绍中，曾经提及三个发展的重点，其中第二个重点是坚持创新发展。在当今社会，创新的思想已经无处不在，所以对于任何企业而言，坚持创新发展不再是什么新鲜事物。但是，不同的企业在看待如何进行创新的问题上仍众说纷纭，各不相同，其中，麦格纳国际在这一点上提出的理念是"问题驱动"，即"问题驱动创新，创新驱动麦格纳"。

以下是麦格纳国际关于创新理念的主要内容：

We believe innovation is more than finding the right answers; it's about asking the right questions. How do we make vehicles Smarter, Cleaner, Safer and Lighter?

And how do we do this while respecting our planet and all who share the road?

Questions drive innovation, and innovation drives Magna.

我们相信创新不仅仅是找到正确的答案，而是问正确的问题，诸如：我们如何使车辆更智能、更清洁、更安全、更轻便？

我们如何在尊重地球、尊重跟我们共享道路的人的同时，做到这一点？

问题驱动创新，创新驱动麦格纳。

在众多企业看来，如何创新应该有不同的注解，并且在不同的企业看来创新也应该包含不同的内容，关于创新的内容和创新的标准，麦格纳国际结合其企业所处行业的特点提出了自己的看法，具体如下：

At Magna, innovation means commercialized invention. See how we develop game-changing technologies and transform the latest materials and processes into industry standards.

Comfort, Convenience and Connectivity.

Designing and delivering an inspired, best-in-class cabin experience.

在麦格纳，创新意味着商业发明。看看我们如何开发颠覆性技术，如何将最新材料和工艺转化为行业标准。

舒适、便利和连通。

设计、提供灵感和最佳的乘车体验。

麦格纳国际所提出的上述创新标准是偏向于技术创新的，而事实上创新工作远不止技术创新这一种，无论是技术创新、管理创新、营销创新、服务创新，还是理念创新、商业模式创新、微创新等都是企业能够可持续发展的重大推动力。

根据作者的统计，在"西方英语系大国杰出公司企业文化研究系列"所选择的加美英共二十七家案例公司当中，提及创新理念或者创新发展理念的企业一共是六家。除了加拿大的麦格纳国际以外，还有美国的埃克森美孚石油公司、雪佛龙公司、JP 摩根大通和花旗集团，以及英国的联合利华。

下面简要介绍一下其他五家公司是如何看待创新的，更为详细的内容可以参考《美国杰出公司企业文化研究》和《英国杰出公司企业文化研究》两书。

● 埃克森美孚石油公司

在埃克森美孚石油公司看来，"员工是创新的主体，只有全体员工都能够参与创新时，一个企业创新发展的体系才能建立起来"。

● 雪佛龙公司

雪佛龙公司比较重视技术创新，"技术创新在低商品价格的时代可以区分我们的表现"，"创新和发展的技术可以帮助我们在世界各地提供人们可以负担得起的、安全的和可靠的能源"。

● JP 摩根大通

JP 摩根大通也比较重视技术创新，认为"技术可以被利用作为一种强大的推动者。它可以缓解执行支付的挑战，可以降低全球组织的复杂性，可以提高财务的可知度"。

● 花旗集团

花旗集团希望告诉世人："创新的方法千万条，只要你想，只要你的公司肯于投入，就一定会找到适合于你公司的创新路径。"

● 联合利华

"创新"是联合利华追求可持续发展之雄心目标的关键，"科学、技术和产品开发是我们规划的核心，这可以确保我们不断为客户提供伟大的品牌以提高他们的生活品质，同步对环境和社会还可以产生积极的影响"。

基于以上企业对创新的认识可知，创新无疑是企业发展的最强动力，也是任何一个成功企业都不可忽视的重要工作。

对于一个企业的发展而言，不断创新肯定是重要的，但并不是所有的企业都会去重视它。实力较弱的企业之所以不重视它，是因为其还没有能力去创新，维持现状、坚持发展，已然不易。很多实力较强的企业也有可能不重视它，原因是其认为企业自身已经很成功了，不需再去创新。这是对创新的一种误解，很多时候一谈及创新，便有人认为是要做翻天覆地的改变，所以不敢轻易启动这项工作。而事实上，创新不一定是全面的变革，局部的改进方案也属于创新的内容。此外，一个企业现在很成功并不能保证它会一直成功，一直重视创新并能全面跟进时代发展特点的有思想的企业才能持续获得成功。

很多企业一时有创新便沾沾自喜，这是不对的，创新工作不是一朝一夕的事情，也不是一蹴而就的工作，像麦格纳国际这样将创新视为企业发展重点的企业必须在企业内部建立创新系统。

如何判断一个企业是否建立了创新系统，并且在企业内部有序地推进了创新系统工作呢？对此可以参考以下几个标准：

（1）企业是否将创新工作当做企业管理的重要工作之一。

（2）企业创新是否有明确的目标和经过分解的目标体系。

（3）企业创新是否建立了常态化的运转程序。

（4）企业各个部门、各个人员是否都有参与创新的路径。

（5）企业创新任务主要承担部门是否有明确的创新计划。

（6）企业高层是否有定期召开创新工作会议的制度。

（7）企业是否有针对各类创新的激励机制。

（8）企业是否安排了专门负责创新工作的领导与工作人员。

6.4 麦格纳国际的员工理念与员工宪章及其解读

6.4.1 麦格纳国际的员工理念

根据作者的统计，在"西方英语系大国杰出公司企业文化研究系列"所选择的加美英共二十七家案例公司当中，提及员工理念或者员工管理理念的企业一共是十三家，在这些企业所关注的企业理念当中排在第一位。但是不同的企业对这一理念的理解和关注重点存在一定的差别，麦格纳国际认为"员工是我们最大的财富。为此要了解我们的创业文化，激发当今的顶尖人才，培养明天的领导者"。以下是麦格纳国际员工理念的一些核心思想：

You are an important member of our team. Magna's unique Fair Enterprise culture, based on fairness and concern for people, recognizes that your engagement and commitment is fundamental to our business success.

The Magna Employee's Charter, Corporate Constitution and Operational Principles are the building blocks for a work environment that encourages your innovation, involvement and teamwork.

We all work as partners in the business to achieve world class manufacturing and deliver the highest quality products and the latest innovations to our customers.

您是我们团队重要的成员。麦格纳独一无二的公平企业文化是以公平和关注为基础的，因为我们认识到，您的敬业与投入是企业成功之基石。

员工宪章、公司章程和运作原则是鼓励你创新、敬业奉献、参与团队合作的工作环境的基石。

我们在业务上通力合作，以成为世界一流的制造商并为客户提供最优质的产品和最新的创新技术。

6.4.2　麦格纳国际的员工宪章

麦格纳国际认为，员工宪章、公司章程和运作原则是企业管理的三个基石。其中，公司章程和运作原则是针对公司全局制定的准则，而员工宪章是针对员工管理制定的准则，它一共包括七个方面的内容，其中前六个方面所言都是针对员工管理必须坚持的原则，具体表述如下：

（1）Job Security

Being competitive by making a better product for a better price is the best way to enhance job security. Magna is committed to working together with you to help protect your job security. To assist you, Magna will provide job counseling, training and employee assistance programs.

（2）Competitive Wages and Benefits

Magna will provide you with information which will enable you to compare your total compensation, including wages and benefits, with those earned by employees of your direct competitors and local companies your division competes with for people. If your total compensation is found not to be competitive, your total compensation will be adjusted.

（3）A Safe and Healthful Workplace

Magna is committed to providing you with a working environment which is safe and healthful.

（4）Fair Treatment

Magna offers equal opportunities based on an individual's qualifications and performance, free from discrimination or favoritism.

（5）Communication and Information

Through regular monthly meetings between management and employees and through publications, Magna will provide you with information so that you will know what is going on in your company and within the industry.

（6）Employee Equity and Profit Participation

Magna believes that every employee should share in the financial success of the Company.

（7）The Hotline

Should you have a problem, or feel the above principles are not being met, we encourage you to contact the Hotline to register your complaints. You do not have to give your name, but if you do, it will be held in strict confidence. Hotline Investigators will respond to you.

The Hotline is committed to investigate and resolve all concerns or complaints and must report the outcome to Magna's Global Human Resources Department.

（1）工作保障

生产物美价廉的产品是提高工作保障的最佳方法。麦格纳与您齐心并力保您的就业。为了帮助您，麦格纳将提供工作咨询，培训和员工援助计划。

（2）有竞争力的工资和福利

麦格纳将向您提供信息，使您能够将您的总薪酬，包括工资和福利，与那些直接竞争对手或与您所在部门竞争的当地公司的员工薪酬相比较。如果您发现您的总薪酬与其他人相比没有竞争优势，我们将对您的薪酬加以调整。

（3）安全健康的工作环境

麦格纳致力于为您提供一个安全和健康的工作环境。

（4）公平对待

麦格纳根据个人的资历与业绩，无歧视、无偏袒，为员工提供平等的机会。

（5）沟通与信息

通过管理人员和员工之间的每月例会，以及出版物，麦格纳将向您提供信息，使您知道公司和本行业的动向。

（6）员工权益与利润分享

麦格纳认为，每一位员工都应该分享公司的经济回报。

（7）热线

如果您有问题，或觉得上述原则没有得到满足，我们希望您联系热线登记您的投诉。您不必说出名字，但如果您实名投诉，我们将为您严格保密。热线人员会为您做出回应。

热线的作用是调查和解决所有员工关注的问题或投诉，并且麦格纳全球人力资源部必须报告调查结果。

6.4.3　关于麦格纳国际员工管理的解读

麦格纳国际的员工管理是在一个核心思想和六个原则的共同指导下展开的，其中一个核心思想就是"您是我们团队重要的成员。麦格纳独一无二的公平企业文化是以公平和关注为基础的，因为我们认识到，您的敬业与投入是企业成功之基石"。

解读这一核心思想，可以发现如下几层意思：

（1）麦格纳国际的员工文化在于重视"团队"、"公平"和"关注"。

（2）麦格纳国际重视员工的目的是希望可以借助员工的成功以实现企业的成长。

（3）员工的敬业与投入是决定企业成功的关键。

（4）员工能够敬业与投入的关键是他们在企业内部感受到了"公平"和"受关注"。

（5）企业对员工好，员工才能对企业好，企业就能真的好。

（6）企业要先考虑如何善待员工，然后再等待员工回报企业。

事实上，所有的杰出公司在员工管理方面都具有指导具体行动的核心思想，基于这样的核心思想都会形成其在员工管理方面的独到认识并采取符合自身特点的工作措施。

在美国与英国的杰出公司当中，埃克森美孚石油公司就是在其核心思想的指导下，制定了三个针对性非常强的具体工作措施。

雪佛龙公司也是在其核心思想的指导下特别强调安全以及非常重视对员工进行全面的培训。

威瑞森电信建构了一个基础性的员工理念体系，同时强调保护员工的隐私和要求员工进行合理回避。

JP 摩根大通的员工理念和员工管理方法最为丰富，其核心员工理念是建立一个"全生命周期的员工管理和支持体系"，并主张在一个统一的目标引导下强化五个方面的具体工作，涉及招聘、培训、绩效管理和晋升、薪酬体系和继承规划五大领域。

波音公司的员工理念最为特别，重点强调两个方面的内容，一个是"道德"，另外一个是"合规"，而在这两个理念的描述过程当中又融入了大量的先进的员工管理思想。

花旗集团的员工管理注重五个方面的工作，即建立和运行员工发展网络、建构二十一世纪多样性发展平台、发展和奖励人才、建构包容性的文化和环境、重视员工的健康和财富。

富国银行的员工管理理念分为总体理念和具体理念两个方面，在这两个方面公司都提出了大量的而且是非常系统的和非常富有哲理的真知灼见。

英国石油公司的员工理念是"项目挑战你，人们激励你，培训发展你，英国石油公司为你提供成就有意义事业所需之一切。我们要建设更加强大、更具可持续能源未来的努力与我们培养可将这一切变为现实的员工的努力是密不可分的，所以我们要投资于员工发展，使其不但具备当下所需之专业技能，而且还要确保其具备长期从事让人具有满足感事业的能力"。

乐购公司的员工理念是"我们的员工每天都要为顾客服务，并销售我们的产品，因而我们在他们的工作当中提供最大限度的支持和个人成长空间就变得尤为重要。我们希望让所有的员工都可以自己的成就为傲，并在践行顾客至上的工作理念时可以感受到强大的支持力量"。

英国森特理克集团的员工理念不是一个方面，而是十个方面，这十个方面的内容非常具有概括性，同时也具备典型的代表性，具体如下：①帮助您塑造未来；②帮助您创造机遇；③帮助您的职业发展；④鼓励员工参与；⑤鼓励大声讲出来；⑥塑造我们的员工文化；⑦鼓励多样性；⑧工作生活平衡；⑨注重员工福祉；⑩鼓励承担责任。

分析麦格纳国际员工宪章当中所谈及的六个员工管理原则，其中第一个原则的重要思想是对员工的培养和培训，这是西方英语系大国杰出公司在员工管理方面达成的第一个共识，也是所有企业都不惜重金投入的一个领域。

分析麦格纳国际员工宪章关于员工管理的第二个原则可知，麦格纳国际在员工待遇方面愿意付出"真心"的同时也愿意付出"真金"。如果用通俗的含义来理解这一原则的实质就是，"我们将永远为员工提供最具竞争力的薪资待遇，如果哪家企业超过了我们，我们马上就会反超过去"。这是一个极具吸引力的承诺。

分析麦格纳国际员工宪章关于员工管理的第三个原则可知，其内容非常实在，就是要确保员工可以在一个舒服和舒心的环境当中工作。

分析麦格纳国际员工宪章关于员工管理的第四个原则可知，其内容非常直接，强调的就是公平与平等。

分析麦格纳国际员工宪章关于员工管理的第五个原则可知，其内容非常清楚，即必须给予员工真实的知情权。

分析麦格纳国际员工宪章关于员工管理的第六个原则可知，这是对员工而言更具吸引力的一个承诺，那就是每一名员工都可以分享企业发展所创造的价值，员工因为这一点就可以成为企业真正的主人。

6.5　麦格纳国际的行为与伦理准则及其解读

6.5.1　公司首席执行官关于企业行为与伦理准则的致辞

基于"西方英语系大国杰出公司企业文化研究系列"之前期的研究成果可以得出一个结论，即如果要了解一个西方英语系大国杰出公司之企业行为准则与行为文化，只需要看一下这家企业的领导相关于此的致辞便可以了解大概。

以下是麦格纳国际首席执行官关于企业行为与伦理准则的致辞，同时它也是了解这家企业之行为准则和行为文化的钥匙：

Magna believes in conducting business with integrity, fairness and respect in all countries where we have a presence. Our employees will not, directly or indirectly, offer bribes, kickbacks or other similar payments for the purpose of influencing business decisions and we expect our suppliers to have policies and procedures in place that ensure absence of similar corrupt practices with their own employees. We will manage our supplier relationships in good faith and we expect suppliers to exercise similar discretion in our relationship and in their relationship with their suppliers.

We all have a duty to review and understand the Code of Conduct and Ethics

so that we can act with honesty and integrity in all our business dealings.

As CEO of this great company, I am very proud of the success we have achieved, the reputation we have built and the credibility we have established. That's why it's so important that we all do our part to protect what we have accomplished by ensuring that everyone follows our Code of Conduct and Ethics.

Government agencies around the world have increased their attention on legal compliance, and their investigations have a laser focus on the automotive industry – investigations to which Magna has not been immune.

We have zero tolerance when it comes to unethical behavior. We also have zero tolerance for anyone who retaliates against any employee who reports a problem in good faith.

As employees, we all have a duty to review and understand the Code of Conduct and Ethics so that we can act with honesty and integrity in all of our business dealings.

This is an opportunity for everyone to do their part—to act with integrity and speak up if we see others who don't. Thank you for driving integrity and contributing to the ongoing success of Magna.

It is important that we all understand our obligation to conduct business in a way that is both ethical and consistent with our corporate policies.

Today, as the automotive industry continues to become more complex and challenging, it is important that we all understand our obligation to conduct business in a way that is both ethical and consistent with our corporate policies.

The core values and business principles of Magna's Fair Enterprise culture are contained in our Employee's Charter and Operational Principles, and are reinforced by our Code of Conduct and Ethics. This Code acts as a guide to help us maintain our ethical standards.

Magna expects and requires every Magna employee to act in accordance with applicable law and consistent with our core values and business principles. We also expect our suppliers, consultants, independent contractors, agents and other representatives to meet these standards. Violations of this Code will lead to disciplinary action for employees, up to and including dismissal, and may result in termination of our relationship with third parties.

This standard applies to how we: treat one another in the workplace; manage our environmental responsibilities; engage with competitors; interact with government officials; and protect Magna's confidential information as well as that of our customers.

Each of us is responsible for acting with honesty and integrity, and making the ethical choice all of the time. It is a key part of our job. Magna's compliance team is committed to providing the necessary training and ongoing support to enable us to succeed in this area.

麦格纳认为，我们无论在哪个国家开展业务，都要诚信公平、尊重彼此。员工不可直接或间接行贿、提供回扣或有其他类似影响企业决策的支付，我们期望我们的供应商也具有确保自己的员工不发生类似腐败行为的政策和程序。我们将真诚地经营我们与供应商关系，并期望供应商在与我们的关系和与其他供应商的关系中行使类似的自由裁量权。

我们有责任检查和理解行为与伦理准则，以便诚心以对所有的业务往来。

作为这家杰出公司的首席执行官，我为我们所取得的成功和已建立的声誉、信誉而感到自豪。这就是我们为什么要竭尽所能遵守公司行为与伦理准则，保护公司所取得的成就的重要意义之所在。

世界各地的政府机构都增强了对于法律合规性的关注，他们主要调查了汽车行业，对于这种调查麦格纳不可能被排除在外。

我们不容忍不道德行为，也绝不容忍对出于好意报告问题的员工进行打击报复的行为。

作为员工，我们都有责任审查和理解行为与伦理准则，这样我们就可以在所有的业务往来中做到诚信坦诚。

这是让每个人各司其职的机会——诚信做事，如遇到相悖状况直言不讳，感谢您坚持诚信，为再续麦格纳的辉煌添砖加瓦。

重要的是，我们明白以既合乎伦理，又符合公司政策的方式开展业务是我们的责任。

今天，汽车行业的发展变得更加复杂、更加具有挑战性。重要的是，我们明白有责任以既合乎伦理，又符合公司政策的方式开展业务。

麦格纳的核心价值观和公平企业文化的业务原则在员工宪章和企业运行原则中有所体现，并被我公司的行为与伦理准则所强化。以此准则为指导，有助于坚持我们的道德标准。

麦格纳期望并要求每一员工开展业务时遵守适用法律，并符合公司的核心价值观和业务原则，我们也希望供应商、顾问、独立承包商、代理商和其他代表能坚持这些标准。违反本准则的员工会受到纪律处分甚至被解雇，违反准则也可能导致我们终止与第三方的关系。

此标准适用于我们如何：在工作场所对待彼此，管理环境责任，与对手竞争，与政府官员互动，以及保护麦格纳和公司客户的机密信息。

我们每个人都有责任诚信做事，并时刻都做出符合道德的选择，这是我们工作的关键部分。麦格纳的法律团队就就业业地进行必要培训，并持之以恒地支持我们在各领域都立于不败之地。

6.5.2　麦格纳国际行为与伦理准则的主要内容

以下是麦格纳国际的行为与伦理准则之主要内容：

Introduction to the Code of Conduct and Ethics

Why it's Important to Employees

Driving Integrity In Business Dealings

　　Conducting Business with Integrity, Fairness and Respect

　　Compliance with Antitrust and Competition Laws

　　Compliance with Anti-Bribery Laws

　　Lobbying / Political Participation

Driving Integrity Through Transparent Reporting

　　Financial Reporting

　　Improper Securities Trading

　　Public Disclosures

Driving Integrity Within Our Workplace

　　The Environment and Occupational Health and Safety

　　Protection of Personal Information

　　Respect for Human Rights

　　Diversity and Inclusion

Driving Integrity Through Our Actions

　　Use of Confidential Information

　　Investments and Corporate Opportunities

　　Self-Dealing and Interacting with Relatives or Friends

　　Outside Positions

　　Gifts, Meals, and Entertainment

Driving Integrity With Good Communication

　　Careful Communication

　　The Good Business Line

　　Support from Legal Compliance Experts

　　Glossary

行为与伦理准则简介

为何它对员工至关重要

在商务往来中驱动诚信

　　　诚信公平、态度恭敬地开展业务

　　　遵守反垄断法和竞争法

　　　遵守反贿赂法

　　　游说/参与政治

以透明报告驱动诚信

　　　财务报告

　　　不当证券交易

　　　公开披露

在工作场所驱动诚信

　　　环境、职业健康与安全

　　　个人信息保护

　　　尊重人权

　　　多样性与包容性

以实际行动驱动诚信

　　　机密信息的使用

　　　投资与公司机遇

　　　自我处理和与亲友互动

　　　外部职务

　　　礼品、饭局与娱乐

以良好沟通驱动诚信

　　　谨慎的沟通

　　　精良的业务范围

　　　法律专家的支持

　　　术语表

6.5.3　关于麦格纳国际行为与伦理准则的解读

　　在加拿大皇家银行企业行为准则当中，为了突出其与企业诚信价值观的关系与有机互动，在每一条细则之前都以"诚信"二字为前提。而此处麦格纳国际的行为与伦理准则也体现了这一特点，在每条准则当中也都坚持了诚信的价值理念，引用其首席执行官致辞当中的话就是，"麦格纳认为，我们无论在哪个国家开展业务，都要诚信公平、尊重彼此"，"我们每个人都有责任诚信做事，并时刻都做出符合道德的选择，这是我们工作的关键部分"。

综观麦格纳国际的行为与伦理准则，一共包括五个方面的主要内容，即"在商务往来中驱动诚信"、"以透明报告驱动诚信"、"在工作场所驱动诚信"、"以实际行动驱动诚信"及"以良好沟通驱动诚信"。针对这五个方面的内容，如果除去"诚信"不言，则剩下的就是商务往来、透明报告、工作场所、实际行动和良好沟通五个关键词组，它们代表着五个方面的具体工作。而如果把"诚信"的理念还原回去以后，它就变成了在这五项具体工作过程当中应该坚持的第一指导思想，这也是其行为准则不称之为行为准则，而是称之为行为与伦理准则的主要原因。

麦格纳国际制定这样一个准则的目的除了要规范员工们的言行以外，还希望借助这一准则能够帮助强化企业的核心价值观，这同时也是所有杰出公司在制定其行为准则时都要把持的一个诉求。对此，麦格纳国际首席执行官在致辞当中的界定是"麦格纳的核心价值观和公平企业文化的业务原则在员工宪章和企业运行原则中有所体现，并被我公司的行为与伦理准则所强化"。

6.6　麦格纳国际的企业管理及其解读

麦格纳国际的企业管理可供其他企业借鉴和参考的经验是其所坚持的三个管理基石，第一个基石是前文中分析过的员工宪章，它是针对企业最重要资源，即员工进行管理的根本依据。另外两个方面的基石是公司章程和运行原则，它们是麦格纳国际经营与管理企业的根本依据和明确规定，是企业当下成功和未来可以继续追求成长的根本保证。

6.6.1　麦格纳国际的公司章程及其解读

麦格纳国际的公司章程是其公平企业文化和公司历史的第一个关键组成部分，它所设计的内容不仅关乎相关利益者之实实在在的利益分配，而且还决定了企业长远发展的能力与保证。

以下是麦格纳国际公司章程所设计的八个主要内容，具体如下：

（1）Employee Equity and Profit Participation

Ten percent of Magna's profit before tax will be allocated to eligible employees.

These funds will be used for the purchase of Magna shares in trust for eligible employees and for cash distributions to eligible employees, recognizing length of service.

（ 2 ）Shareholder Profit Participation

Magna will distribute, on average over a three-year period, not less than 20 percent of its annual net profit after tax to shareholders.

（ 3 ）Management Profit Participation

To obtain long-term contractual commitment, Magna provides a compensation arrangement to corporate management which allows for base salaries comparable to industry standards, plus incentive bonuses, in total, of up to six percent of its profit before tax.

（ 4 ）Research and Development

Magna will allocate a minimum of seven percent of its profit before tax for research and development to ensure its long-term viability.

（ 5 ）Social Responsibility

Magna will allocate a maximum of two percent of its profit before tax for charitable, cultural, educational and political purposes to support the basic fabric of society.

（ 6 ）Unrelated Investments

Magna Common shareholders will have the right to approve any investment in an unrelated business in the event such investment together with all other investments in unrelated businesses exceeds 20 percent of Magna's equity.

（ 7 ）Board of Directors

Magna believes that outside directors provide independent counsel and discipline. A majority of the members of Magna's Board of Directors will be outsiders.

（ 8 ）Constitutional Amendments

A change to Magna's Corporate Constitution will require the approval of its Common shareholders.

（1）员工权益与利润分享

麦格纳税前利润的百分之十将被分配给符合条件的员工，即为合格员工购买麦格纳信托股份，并给有一定工作年限的员工发放现金。

（2）股东分红

麦格纳将高于三年平均值，不低于当年税后净利润的百分之二十分发给股东。

（3）参与利润管理

为获得长期合同承诺，麦格纳为企业管理层提供了一个补偿安排，即与行业标准相比较其基本工资，加上奖励奖金，总额高达其税前利润百分之六的补偿。

（4）研究与开发

麦格纳将至少百分之七的税前利润用于研发，以确保其长期生存能力。

（5）社会责任

麦格纳将最高百分之二的税前利润投于慈善、文化、教育和政治等用途，以支持社会的基本结构。

（6）相关投资

麦格纳普通股东有权批准任何一个不相关业务的投资，最终所有这样不相关的业务投资超过麦格纳权益的20%。

（7）董事会

麦格纳认为，外部董事提供独立的决策与纪律，所以麦格纳董事会的大多数成员将是外部人员。

（8）章程修订

麦格纳公司章程的变更需要其普通股东的批准。

分析麦格纳国际的公司章程首先可以看出其对员工利益的重视，第一条就规定必须将税前利润的10%分配给符合条件的员工。一方面反映了其员工宪章当中第六条原则的要求，即"麦格纳认为，每一位员工都应该分享公司的经济回报"。另一方面也体现了运行原则当中第一条原则的精神，即"所有的员工都是企业的利益相关者"。这样实实在在的规定真真切切地把其员工管理的理念落到了实处。

第二条与第三条规定的是如何分配利益给股东和企业高管。其中，回报股东的比例最大，回报高管的目的是为了留住人才。

第四条规定的是研究与开发上的投入比例，它代表着麦格纳国际对于创新工作的重视，因为在麦格纳国际的创新工作当中其最为重视技术创新，所以这也可以看做企业对待技术创新这一重点发展方向的支持力度。

第五条规定反映的是企业对社会责任的重视。

第六条和第八条规定从两个细节上反映了股东的权力。

第七条规定明确了董事会的构成应该以外部独立董事为主，这与前面几家公司的理念相近，共同反映了加拿大企业在这个问题上的共识与通用做法。

6.6.2　麦格纳国际的企业运行原则

在麦格纳国际的世界级制造之旅当中，是员工和管理层之间的良睦伙伴关系帮助企业实现了卓越经营，而这种关系的形成要得益于其基础性的运行原则。正如前面多次提及的那样，企业运行原则是麦格纳国际企业管理的三大基石，在企业的经营和生产过程当中发挥了重要的作用。

以下是麦格纳国际九条企业运行原则的具体内容，其中不乏针对工作细节的规定：

（1）Employee Focus

Recognize that all employees are stakeholders in the business.

Motivate, energize and empower employees by reinforcing the values of the Employee's Charter.

Achieve employee satisfaction by focusing on people and taking actions to improve employees' quality of work life.

（2）Safe and Healthful Work Environment

Ensure that all employees have a safe, clean and healthful work environment.

Ensure that all equipment and the work environment comply with applicable laws, regulations and policies.

Constantly work toward our target of Zero Incidents and Zero Lost Days.

（3）Pride in Craftsmanship and Total Quality

Be customer driven; understand and meet or exceed customer expectations.

Maintain focus, accountability and discipline in every process to promote a culture of "Total Quality".

Use simple, effective error proofing to support our Zero Defects objective.

In every job we perform, do not accept, produce or pass-on any defects.

（4）Integrity and Respect

Act with honesty and integrity in all dealings with employees, customers, suppliers, government officials and others.

In all activities, respect both the letter and the spirit of Magna's Code of Conduct and Ethics and applicable laws.

Use common sense and good judgment to determine what constitutes fair and ethical business practice.

（5）Operational Effectiveness

Focus on efficiency and always meeting production standards and output requirements.

Clearly display operational goals, objectives and performance on the shop floor so everyone is aware of them and all activities are aligned to the Company's targets.

Ensure that all teams are accountable and participate in the achievement of operational goals and objectives.

Utilize operational creativity before making any capital expenditure decisions and use Lean methods, as well as employees' process knowledge, to simplify and maintain flexibility.

Ensure that inventory levels, lead times and material flow are Key Operating Indicators (KOIs) to improve working capital.

"Go and See" to solve problems where they occur – operational problems cannot be solved in the office.

（6）Scrap and Waste Elimination

Through Lean methods and Mafact, ensure every step of each process is value-added and prevent defects Work, Quick Changeover, Visual Management, 5S and other Lean tools within Mafact.

Eliminate waste with tools such as Value Stream Mapping (VSM), Standardized.

Focus on identifying and eliminating the seven forms of waste—Waiting, Motion, Material Movement, Corrections, Over Production, Inventory and Processing—and strive for gains in efficiency, floor space availability and inventory reduction.

（7）Operational Availability

Follow a Total Productive Maintenance program to ensure that equipment is available 100 percent of the time when needed and to improve process capability and reduce maintenance costs.

Always focus on change-over of production lines, dies, molds, etc.

（8）Communication

Communicate respectfully, openly, honestly and in a timely manner.

Ensure that regular departmental meetings are held to give employees direction and to share information about projects, improvements and daily performance.

Encourage feedback through frequent interaction with everyone in the facility, the Open Door process and other communication methods.

（9）Recognition and Rewards

Recognize teams and individuals for a job well done.

Reward teams and individuals for operational improvement ideas.

（1）员工为重

认识到所有员工都是企业的利益相关者。

通过强化员工宪章的价值观来激励员工、使他们充满干劲并增加员工的自主权。

以员工为中心，采取措施提高员工的工作生活质量，让员工满意。

（2）安全健康的工作环境

确保所有员工都能拥有安全、洁净和健康的工作环境。

确保所有设备和工作环境都符合适用法律、法规和政策。

持之以恒朝着零事故和零损失日的目标而努力。

（3）以技艺与整体品质为傲

以客户为导向，了解、实现甚至超越客户之所期望。

在每一环节保持关注、坚守责任和坚持纪律，以提高"整体品质"文化。

使用简单有效的差错预防技术，以实现无残次目标。

在每一项工作中，不接受、不生产、不流通任何瑕疵产品。

（4）诚信与尊重

对员工、客户、供应商、政府官员以及其他所有人诚信以待。

在所有活动中，尊重麦格纳行为准则与道德规范和适用法律的字面含义与内在精神。

运用常识和审慎的判断来确定何为公平、道德的商业惯例。

（5）运营效率

注重效率，始终满足生产标准和产量要求。

在车间明确贴出运营目的、目标以及作业绩效，以确保每一员工都能明确其内容，确保每一活动都与公司目标一致。

确保所有团队都有责任并参与实现运营目的与目标。

在做出任何资本支出决策之前，要注意运用操作创新和精益法，连同员工的流程知识，简化决策和灵活决策。

确保库存、交货时间和物资流通是提高周转资金的关键运营指标（KOIs）。

去看看——解决问题于出现问题之处，而不是在办公室。

（6）消除废料和浪费

通过精益法和麦格纳工厂标准，确保每个生产环节都要增值并防止出现瑕疵，符合快速转换、目视管理、麦格纳工厂的 5S 标准和其他精益工具。

通过价值流程图（VSM）和标准化等方式消除浪费。

注重识别和消除七种形式的浪费——等待、移动、物料移动、更正、过度生产、库存和处理——争取通过提高效率，增加地板空间可用性和减少库存获得收益。

（7）操作可用度

依照全面的生产维护计划，确保设备在需要时 100%可用，提高加工能力，降低维护成本。

持续关注更换生产线和模具等。

（8）沟通

态度恭敬、公开、坦诚、及时地交流。

确保定期召开部门会议，指导员工并向其提供有关项目、进益和日常表现的信息。

通过与公司每个人频繁互动广开言路或其他沟通方式获取反馈意见。

（9）表彰与奖励

表彰工作做得好的团队和个人。

奖励具备业务改进理念的团队和个人。

第 7 章　Enbridge 公司的企业文化与企业管理

本章主要介绍和分析的是加拿大第八大公司，即 Enbridge 公司的企业文化与企业管理。与森科能源公司一样，Enbridge 公司也是一家能源类企业，只不过它的重点业务是运输能源，经营着世界上最长也是最先进的原油和液体运输系统。

本章内容共分为五节。

7.1 节介绍 Enbridge 公司的企业基本情况及其运输能源、生产能源和配送能源三个方面的主要业务。

7.2 节介绍 Enbridge 公司的企业战略及其发展重点，因为在 Enbridge 公司的企业文化体系当中没有针对企业愿景的描述，所以在其企业战略当中同步包含了企业愿景的内容。在这一节当中还同步解读了企业战略管理过程当中需要注意的五点内容。

7.3 节介绍和解读 Enbridge 公司的企业价值观及其在企业发展过程当中的作用。Enbridge 公司的企业价值观包括三个方面的内容，即"诚信"、"安全"和"尊重"，这三个方面的价值观被用来指导处理三个方面的关系，即与社会的关系、与环境的关系以及与彼此之间的关系。

7.4 节介绍 Enbridge 公司的可持续发展理念以及基于这一理念公司所选择的主要业务。

7.5 节介绍和分析 Enbridge 公司的员工管理理念，并重点解读其人才吸纳与管理的重要思想，以便为其他企业提供借鉴。

7.1　Enbridge 公司的企业基本情况介绍

Enbridge 公司总部设在加拿大阿尔伯塔省的卡尔加里，管理着 Enbridge 公司

91.9%收益基金的整体利益，并拥有恩桥 L. P. 天然气公司（其总部设在休斯敦）21.1%的所有权。公司现有员工 11 000 多人，主要分布在加拿大和美国。

在加拿大，Enbridge 公司曾经 13 次被评为 100 名最佳雇主之一；在 2015 年，Enbridge 公司进入休斯敦纪事报前 100 名的企业名单并位列第 3 名；2014 年和 2015 年，Enbridge 公司公司连续两年被评选为加拿大顶尖的多样性企业之一。Enbridge 公司经营的几个投资股票包括 Enbridge 公司（ENB）、恩桥 L.P.天然气公司（EEP）、Enbridge 能源管理有限责任公司（EEQ）和 Enbridge 公司收益基金（ENF），它们在纽约和多伦多两个证券交易所同时或分别上市。

在过去的近 70 年里，Enbridge 公司已经发展成为北美洲首屈一指的最为安全可靠的能源运输公司，虽然它在 2014 年的世界排名是第 377 位，在 2015 年的世界排名是第 351 位，但却成功地进入世界上公认的全球一百家可持续发展公司名录。Enbridge 公司在 2015 年的营业收入为 $3\,488 \times 10^6$ 美元，利润收入为 $1\,272 \times 10^6$ 美元。

Enbridge 公司除了运输能源以外，自身也生产能源和配送能源，以下是公司三个主营业务的情况介绍：

（1）We transport energy, operating the world's longest, most sophisticated crude oil and liquids transportation system. We have a significant and growing presence in the natural gas transmission and midstream businesses, and an increasing involvement in power transmission.

（2）We generate energy, expanding our interests in renewable and green energy technologies including wind and solar energy and geothermal.

（3）We distribute energy, owning and operating Canada's largest natural gas distribution company, and provide distribution services in Ontario, Quebec, New Brunswick and New York State.

（1）我们运输能源——经营着世界上最长、最先进的原油和液体运输系统。我们在天然气传输和中游产业当中占有重要地位，并且发挥着越来越让人不可忽视的作用，所参与之电力传输的比重也越来越大。

（2）我们生产能源——不断扩大对可再生能源以及风能、太阳能和地热能等绿色能源技术的收益。

（3）我们配送能源——拥有和经营加拿大最大的天然气配送公司，并在安大略、魁北克、新不伦瑞克和纽约州提供分销服务。

7.2 Enbridge 公司的企业战略及其解读

7.2.1 Enbridge 公司的企业战略

关于 Enbridge 公司的企业战略，作者找到了其 2015 年的规划资料，主要内容如下：

Enbridge's 2015 Strategic Plan, unveiled in October, is a road map to the future, with a five-year planning horizon stretching from 2015 through 2019. It sets out the various actions required to enable Enbridge to achieve its vision to be North America's leading energy delivery company.

The 2015 Strategic Plan reflects the new dynamics of the energy business—the near-term challenges of low commodity prices, a rigorous regulatory and permitting environment, and intensifying competition.

The 2015 Strategic Plan provides the foundation for all that we do at Enbridge—how each business, and each employee, can make a contribution—and supports our purpose of fueling people's quality of life.

We have a $24 billion inventory of commercially secured projects to drive our near-term strategic priorities and initiatives. We also have $14 billion in additional risked potential capital projects, which may further extend our growth beyond our five-year plan.

The financial results of our 2015 Strategic Plan remain robust. Enbridge is positioned to extend its industry-leading growth in earnings per share (11 to 13 percent, compound annual growth) and cash flow per share (15 to 18 percent, compound annual growth) through to 2019. Our ability to execute on our secured growth platform, manage our costs and continue operating our pipelines safety remain critical to achieving our plan results.

Enbridge's strategic priorities：

（1）Drive safety and operational reliability

Safety and operational reliability remain our Number One priority; if we fail to meet these goals, we cannot achieve the outcomes laid out in our 2015 Strategic Plan.

We are committed to strengthening the Enbridge risk culture, and ensuring we are leaders in safety and operational reliability.

（2）Execute

At Enbridge, we have a significant and growing slate of commercially secured projects. While these projects are diverse in nature, the majority of project growth has been liquids pipelines related.

Our focus on project management requires us to safely deliver these projects on time, on budget, and at the lowest practical cost, while attaining the highest standards for safety, quality, customer satisfaction, and environmental and regulatory compliance.

At the same time, as we grow our business, we must preserve our financing strength and flexibility. Effective capital market execution and strategies to optimize the availability of low-cost debt and equity are important, given our large financing requirements.

（3）Secure the longer-term future

While we execute on the already secured projects, we cannot forget about strengthening our company's longer term future. This involves:

Strengthening our core businesses in liquids, gas pipelines and processing, and gas distribution.

Developing new platforms for growth and diversification in renewable, gas-fired generation, power transmission and energy marketing, as well as exploring international opportunities to invest in select energy markets.

（4）Maintain the foundation

Achieving success means that we need to maintain a strong organizational and cultural foundation. This requires us to:

Uphold Enbridge's values of Integrity, Safety, and Respect in everything we do as a company, and as employees.

Shape, promote, and protect Enbridge's reputation by building and maintaining public support in the community for our business activities and plans.

Attract, retain, and develop our people, keeping our employee retention and engagement levels strong through execution of our talent management strategy and by building employee engagement levels.

2015 年 Enbridge 公司战略规划以及 2015 到 2019 年的五年计划，已于十月推出，它指明了公司未来的发展方向，明确了使 Enbridge 公司成为北美首屈一指的能源运输公司这一企业愿景的若干措施。

2015 年度战略规划反映了能源企业的新动态——低价商品的短期挑战，严格的监管和许可环境，以及不断加剧的竞争。

2015 年度战略规划是 Enbridge 公司的行动基础，它关系到我们每一桩业务、每一个员工如何为提高人们生活品质这一目标贡献自己的一分热量。

公司拥有 240 亿美元的企业担保项目库存，用来推动我们近期的战略重点和相关方案，同时我们还拥有 140 亿美元额外的潜在风险资本项目，这可使我们超越五年计划目标，进一步扩大发展。

公司 2015 年度战略规划的财务业绩保持强劲增长，Enbridge 公司的定位是到 2019 年实现每股盈利超过行业领先增长（年复合增长率）和每股现金流（年复合增长率）。我们是否有能力保持这样的增长幅度、管理好成本、并继续安全运营对能否实现我们的战略规划至关重要。

公司发展的战略重点：

（1）安全可靠地运营

安全可靠运营始终是我们的首要任务，如果我们未能达此目标，就无法实现 2015 战略规划的预定成果。

我们致力于加强 Enbridge 公司的风险文化，并确保在安全性和运营可靠性方面一马当先。

（2）执行

在 Enbridge，我们拥有关系重大、不断增长的商业担保项目，虽然这些项目的性质是多种多样的，但大多数项目的增长与液体管道相关。

我们专注于项目管理，这要求我们安全准时、在预算内并以最低的实际成本交付这些项目，同时要达到最高标准的安全性、质量保证、客户满意度，以及要做到环保和遵守法规。

同时，随着业务的发展，我们必须保持资金实力和灵活性。鉴于我们庞大的融资需求，高效的资本市场执行和战略，优化低成本债务和股权的可用性是十分重要的。

（3）长期未来保障

在执行担保项目的同时，我们不能忘记要力促公司更加强大的长远未来。这涉及：

加强核心业务：液体、天然气管道、加工处理，以及煤气分销。

开发新平台，获得新增长和多样化发展，主要涉及可再生能源、燃气发电、电力传输和能源销售等领域，并且拥有筛选国际能源市场的投资机会。

（4）基础保障

要获得成功意味着我们需要具有强大的组织和文化基础，这就要求我们：

无论是公司还是员工，不管做什么事都要秉承公司的诚信、安全和尊重价值观。

塑造、提升和保护公司名誉，主要途径是建立和维持社区公众对公司业务活动和计划的支持度。

吸引、留住和培养员工，通过执行公司人才管理战略和培养员工敬业度来留住员工并提高员工参与度。

7.2.2　关于 Enbridge 公司企业战略的解读

分析 Enbridge 公司的企业战略规划，首先从中可以找到其公司的企业愿景，这是多数西方英语系大国尤其是英国和加拿大的杰出公司比较喜欢采用的做法，即将企业愿景融于企业战略当中。当然，也有很多企业会先提出一个简短的企业愿景说明，然后再跟进一个比较详细的企业战略设计。

Enbridge 公司的企业愿景是"成为北美首屈一指的能源运输公司"。与多数企业的做法一样，这一企业愿景也是 Enbridge 公司制定各个时期企业战略的总体方向和长远目标。

继续分析 Enbridge 公司这一战略规划，还可以从中梳理出五个层次的内容，而这五个层次的内容是任何一家企业在制定其企业战略时都应该考虑的重要因素，具体如下：

（1）企业战略要反映行业的发展趋势，并要针对行业趋势变化的特点制定不同的应对措施。这正如 Enbridge 公司的企业战略规划所说的和所做的那样，"2015年度战略规划反映了能源企业的新动态——低价商品的短期挑战，严格的监管和许可环境，以及不断加剧的竞争"。

事实上，企业战略有很多的特点，如长远的目的性、全局性、系统性、竞争对抗性、风险性、特异性、相对的稳定性和变动性等，而在这些特点当中，"因应环境而生，随着环境的变化而动"是其最大的特点，不能适应环境变化的需要，或者不能帮助企业成功应对环境变化挑战的战略注定是要失败的。

（2）企业战略规划要发挥的是基础性指导作用，而不只是战略引领的作用。很多企业、很多员工在看待企业战略时习惯上将之视为"高大上"的计

划，而不是接地气的行动或安排，这其实是对战略规划的一种误解。Enbridge
公司对此的认识是"2015年度战略规划是Enbridge公司的行动基础，它关系
到我们每一桩业务、每一个员工如何为提高人们生活品质这一目标贡献自己
的一分热量"。

关于企业战略、战略规划和企业战略管理这三者之间的区别和联系，可以通
过界定企业战略与企业战略管理两个概念做出明确的说明，具体如下：企业战略
是指企业为了取得竞争优势，谋求长期的生存和稳定发展，在调查预测和把握企
业外部环境与内部条件变化的基础上，以正确的战略思想，根据企业目标，对企
业较长时期全局的发展做出的纲要性、方向性的决策。

而这个决策经过系统设计以后就会形成企业的战略规划。

企业战略管理是指立足于特定市场中的企业，基于对外部环境及内部条件的
分析和判断，确定企业经营使命与战略目标，选择各级经营战略方案并依靠自身
独特能力将之付诸实施，以及全面进行战略评价与控制、战略准备与储备的系统
动态管理过程。

（3）企业战略规划的推进必须以强大的战略性资源作为基础。对于Enbridge
公司来说，其战略性的资源就是资金，"公司拥有240亿美元的企业担保项目库存，
用来推动我们近期的战略重点和相关方案，同时我们还拥有140亿美元额外的潜
在风险资本项目，这可使我们超越五年计划目标，进一步扩大发展"。

关于推进企业战略规划得以实施的战略性资源可以分为六大类，即人力资源、
物力资源、资金资本、信息资源、关系资源和管理资源。Enbridge公司拥有的战
略性资源是资金资本，而不同的企业在其发展过程当中所需要的战略性资源，或
者在其不同的发展阶段所需要的战略性资源都是不尽相同的，这要取决于企业当
下的战略重点、自身所具备的条件、行业的特性，以及企业未来发展的诉求等多
种因素的作用。

（4）在制定企业战略规划时，必须要明确地设计关键性的评价指标，而且必
须要将这些指标进行量化以方便衡量和对比。关于这一点可以看一下Enbridge公
司的描述："到2019年实现每股盈利超过行业领先增长（11%~13%的年复合增长
率）和每股现金流（15%~18%的年复合增长率）。"

（5）在制定企业战略规划时，必须要确定企业战略发展的重点，同时还要给
出具体的措施说明。结合这一思想分析Enbridge公司的战略发展重点，一共涉及
三个方面的内容，即安全可靠地运营、执行、建立长期未来保障和基础保障。以
下针对这三个方面的内容略加分析。

第一，关于安全可靠地运营。它反映的是企业所在行业，即能源行业的特点，
在这一行业里发展的企业都会把安全视为企业运营最重要的价值观或理念，针对
这一点可以参考前面的相关性分析。Enbridge公司对于这一点的认识是相当深刻

的，"安全可靠地运营始终是我们的首要任务"，"我们致力于加强 Enbridge 公司的风险文化，并确保在安全性和运营可靠性方面一马当先"。

第二，关于执行。在正常情况下，一个战略管理比较成熟的企业到了战略执行这个环节，一切都是在有序地运转，各项工作是在顺其自然地运行。也就是说，在战略谋划的路线引导下，在战略准备创造的条件基础上，各个部门分工协作，各个岗位分别发挥作用，各项工作有序展开，各个目标依次实现，各种任务分别完成，各种不足被不断地识别和及时地修正。大象无形、润物无声、目标明确是最好的战略执行状态。

在 Enbridge 公司看来，严格遵守约定和标准也是确保战略执行的重要条件，"我们专注于项目管理，这要求我们安全准时、在预算内并以最低的实际成本交付这些项目，同时要达到最高标准的安全性、质量保证、客户满意度，以及要做到环保和遵守法规"。此外，Enbridge 公司还很看重资金实力和灵活性，"鉴于我们庞大的融资需求，高效的资本市场执行和战略，优化低成本债务和股权的可用性是十分重要的"。

第三，关于建立长期未来保障和基础保障。

任何一个企业战略的实施都需要一定的条件作为保障，Enbridge 公司将这种保障分为两类：一类是长期未来保障，一类是基础性保障。

在长期未来保障当中，Enbridge 公司强调的是加强核心业务和不断开发新的平台，这是一种主动性出击的保障模式，意在"激活战略"。

在基础性保障方面，Enbridge 公司认为如下三个方面最为重要：其一，企业文化很重要，坚守诚信、安全和尊重的价值观是企业战略得以顺利执行的必要条件。其二，公司名誉很重要，为此要塑造、提升和保护公司名誉。其三，员工很重要，所以要想尽一切办法吸引、留住和培养员工。

Enbridge 公司借助这三个方面要实现的目标是"稳定战略"。

7.3　Enbridge 公司的企业价值观及其解读

7.3.1　Enbridge 公司的企业价值观

Enbridge 公司的企业价值观包括诚信、安全和尊重三个方面的内容，这三个价值观被用来指导处理三个方面的关系，即与社会的关系、与环境的关系以及与彼此之间的关系。

以下是 Enbridge 公司对上述企业价值观的三个方面内容和处理三个方面关系

的详细解读：

Enbridge continues to build on our foundation of operating excellence by adhering to a strong set of core values—Integrity, Safety, and Respect—that reflect what is truly important to us as a company. The values represent the pole star for our organization, a constant beacon by which we make our decisions, as a company and as individual employees, every day.

Occupational safety is also paramount at Enbridge. As a company, we are committed to ensuring that everyone returns home safely every day, and that our assets are operated in a safe manner. See our environment, health and safety page for more information on our commitment to safety for our employees, our contractors, the communities in which we operate, and the environment — as well as Enbridge's health and safety principles. Enbridge's lifesaving rules are founded on real-life incidents, and communicated, clarified, and reinforced company-wide.

Enbridge employees demonstrate integrity, safety and respect in support of our communities, the environment and each other. Read on to learn about how these values guide the way we make decisions and live these core values as part of our daily activities.

Integrity

Maintain truth in all interactions
Do the right thing; do not take the easy way out
Take accountability for our actions, without passing blame to others
Follow through on commitments

Safety

Relentlessly ensure the safety of our communities, customers, contractors, partners and employees
Take a proactive approach to identifying and preventing safety issues
Take immediate action when a safety issue is identified
Continually seek ways to improve safety performance

Respect

Value the contributions of others
Take the time to understand the perspective of others

Treat everyone with unfailing dignity

We live our values in support of:

Communities

Support the company's effort in strengthening the communities in which we live and work

Support the volunteerism efforts of our fellow employees

The environment

Consider the potential short and long term environmental impacts before proceeding with any activity

Consistently strive towards a neutral footprint on the environment

Each other

Share knowledge and experience to help others

Encourage individual development of each other

Work collaboratively to achieve common goals Enbridge

公司持之以恒地秉承强大的诚信、安全和尊重这一核心价值观体系，使其成为卓越经营之基础，此价值观反映出对于一个公司来说什么是真正重要的事情。这些价值观是指引公司方向的北极星，是引领公司和员工每天都能做出正确决定的一盏明灯。

在 Enbridge 公司，平时的职业安全也是事关重大的。作为一家公司，我们努力确保每个人每天都能安全返回家中，确保我们的资产以安全的方式运作。您可以参见我们的环境、健康与安全网页以获得更多的公司对员工、承包商、公司所在社区以及环境的承诺信息，以及 Enbridge 公司的健康与安全原则。Enbridge 的救生规则是建立在真实事件的基础之上，它在全公司范围内传达、分类并强化。

Enbridge 公司的员工在支持社区、环境以及相互支持方面展示了诚信、安全和尊重的价值观。以下内容可以帮助了解这些价值观如何引导我们做出决定，如何使之成为我们日常活动的必要组成部分。

诚信

互动中信守真诚

做正确之事，不投机取巧

为我们的行为负责，不推卸责任

履行承诺

安全

毫无保留地确保社区、客户、承包商、合作伙伴和员工的安全

积极识别和防范安全问题

一旦确认安全问题，立即采取行动

坚持不懈地寻求改善安全性能的方法

尊重

重视他人贡献

投入时间换位思考

一以贯之尊严待人

我们践行价值观以支持：

社区

支持公司的努力，使我们生活和工作的社区更加强大

支持员工志愿服务工作

环境

开展任何活动之前，充分考虑到对环境产生的短期或长期影响

自始至终朝着环境碳中和方向而努力

彼此

彼此帮助，分享知识与经验

鼓励共同发展

协同工作，实现共同目标

7.3.2　关于 Enbridge 公司企业价值观的解读

分析 Enbridge 公司的第一个价值观可知，前文中已经多次提及，并且在美国与英国杰出公司企业文化研究过程当中也多次分析，它是西方英语系大国杰出公司所重点关注的第一价值观。

虽然有众多的企业关注"诚信"这一价值观，但是不同的企业还是会赋予不

同的注解，其中 Enbridge 公司的注解包括四条内容：

第一条，在互动中信守真诚表达了两层含义，一是强调了在双向的交往过程当中各自应该坚持什么，答案是"坚持真诚"；二是表达一种双向的意愿，即"诚信应该是一个双向的互处态度，而不是一方对另一方的单向坚守"。

第二条，做正确之事、不投机取巧是可以保持诚信的基础。其中，做正确之事是"求真"，不投机取巧是"求实"，做人和做事都"真实"，则诚信至也。

第三条，为我们的行为负责、不推卸责任是更高级的诚信。如果说做正确之事、不投机取巧是诚信的基础，是对内的要求；则为我们的行为负责、不推卸责任是诚信的保障，是针对外部关于诚信要求的积极回应。

第四条，履行承诺是诚信的代名词。说了就做，做了要做好，做好了以后还有机会可以再做，这是对诚信及其作用最完美的解释。

分析 Enbridge 公司的第二个价值观可知，它反映了企业所在行业的特点，前文中曾经多次提及，身处能源行业的企业往往都会把"安全"视作企业发展的重要价值指导，Enbridge 公司也概莫能外。

同理，不同的企业对"安全"价值观的理解与安排也是不一样的，其中 Enbridge 公司的做法也包括四条，具体如下：

第一条，毫无保留地确保社区、客户、承包商、合作伙伴和员工的安全，表达的是一种坚定的态度，是可以实现各个方面安全的重要前提和保证。

第二条，积极识别和防范安全问题，核心思想在于表达了一种预防不安全的理念，可以视为事前的安全管理。

第三条，一旦确认安全问题，立即采取行动，核心思想在于表达了一种积极采取行动以制止不安全事件的理念，可以视为事中的安全管理。

第四条，坚持不懈地寻求改善安全性能的方法，表达出一种先入为主的思想，既可以视为事后安全管理的经验总结，也可以视为事前对安全事件的防范。

分析 Enbridge 公司的第三个价值观可知，它在前面森科能源公司的企业价值观当中也被涉及，而且还多次出现在美国和英国杰出公司的企业文化手册里。森科能源公司对"尊重"的解读是要做到"三个真"，即"真正尊重"、"真实尊重"和"真心尊重"。Enbridge 公司对它的解读也包括三个方面，具体如下：

第一条，尊重他人就要重视他人的贡献，对此可以理解为尊重他人之劳动成果。

第二条，投入时间换位思考可以理解为互相尊重，把前面的一句话，即"诚信应该是一个双向的互处态度，而不是一方对另一方的单向坚守"的思想借用到这里就是"尊重也应该是一个双向的互处态度，而不是一方对另一方的单向坚守"。

第三条，一以贯之尊严待人可以理解为长期尊重，能够长期尊重才是真正的尊重。

Enbridge 公司的企业价值观对企业发展发挥的作用，具体如下：

从总体上看，"这些价值观是指引公司方向的北极星，是引领公司和员工每天都能做出正确决定的一盏明灯"。

从具体的角度看，企业价值观被用来重点指导处理三个方面的关系，即企业与社会的关系、企业与环境的关系以及企业内部彼此之间的关系。

7.4　Enbridge 公司的可持续发展理念及其相关业务

7.4.1　Enbridge 公司的可持续发展理念

可持续发展理念是西方英语系大国杰出公司所坚持的众多企业理念当中非常重要的一个，多数能源类的企业几乎都在强调这一企业发展理念。

下面是 Enbridge 公司对可持续发展理念的认识：

Moving toward a lower-carbon energy future.

Our role at Enbridge is to ensure we meet society's need for secure energy supply—while, at the same time, reducing emissions and protecting the environment. We recognize that climate change is a global issue, and as the world transitions to more low-carbon energy sources, we believe that Enbridge is uniquely positioned to succeed and grow—both as North America's leading distributor of oil and natural gas, and as a major player in the renewable energy business.

From our initial investment in a Saskatchewan wind farm, more than a decade ago, Enbridge's renewable portfolio has grown to nearly $5 billion, with assets ranging from Sarnia Solar, one of Canada's largest solar projects, to Neal Hot Springs, Oregon's first commercial geothermal power facility. As one of Canada's largest renewable energy companies, with nearly 2,000 MW of net capacity, our goal is to double our renewable generating capacity by 2019.

But the transition to a low-carbon future is about more than renewable investments.

We're also growing our natural gas business as a bridge fuel to a lower carbon economy mix. Natural gas has great potential as a lower-carbon alternative for electricity generation. Of equal importance, it complements the growth of renewable energy through its ability to address intermittency. As owners of the largest natural gas distribution franchise in Canada, and the largest natural gas pipeline and processing system to the Gulf Coast, Enbridge continues to expand the availability of natural gas in North America, which is crucial to making the transition to low-carbon energy both feasible and cost competitive. On the consumption side of the equation—which is also critical to lowering emissions—our natural gas franchise has worked with customers to conserve 18 million tons of emissions since 1995, the equivalent of taking approximately 3.5 million cars off the road for a year.

We're also working to reduce the environmental footprint of our pipeline business. Our pipelines infrastructure, the largest in North America, provides a firm foundation for North American energy supply, as well as feedstock for the manufacture of products essential to everyday life. In meeting those needs, we'll continue to enhance the efficiency and reliability of this system, focus on reducing our own emissions and publicly disclosing our progress. We'll also continue to advocate for carbon pricing policies that reduce consumption and provide incentive for investment in technology and innovation.

Our purpose at Enbridge is simple—we help fuel people's quality of life. Whether it's oil, natural gas or renewable power, we connect millions of people with the energy they need, and want, to fuel their everyday lives.

这个以"走向低碳能源的未来"为题目的关于 Enbridge 公司可持续发展理念介绍所表达的主要思想如下：

Enbridge 的任务是竭力满足社会对安全能源供应的需求，同时减少排放和保护环境。我们认识到，气候变化是一个全球性的问题，而在世界迈向低碳能源这一转变过程中，我们相信 Enbridge 公司具有得天独厚的优势可以取得成功、得到发展——成为北美最大的石油和天然气分销商，并成为可再生能源行业的主要参与者。

从十多年前我们在萨斯喀彻温省风电场开始投资，到目前为止 Enbridge 公司的可再生能源组合已经增长到近 50 亿美元，这包括加拿大最大的太阳能项目——萨尼亚太阳能和俄勒冈第一个商业化的地热发电设施——尼尔温泉。作为加拿大最大的可再生能源公司之一，我们拥有近 2 000 兆瓦的净产能，公司的目标是到 2019 年将可再生能源发电能力提高一倍。

但过渡到低碳未来关乎的不仅仅是可再生能源投资。

我们也在增加天然气业务，因为它是通往低碳经济的过渡性燃料。作为一种替代低碳发电能源，天然气潜力巨大。同样重要的是，它可以成为可再生能源增长不连贯状态的必要补充。Enbridge 公司是加拿大最大的天然气分销特许经营商，具有到墨西哥湾地区最大的天然气管道和处理系统，本公司将继续扩大在北美洲的天然气供应量，这对促进低碳能源可行性和加速成本优势转变极为重要。从消耗量来看，天然气对降低排放也起到重要作用。自 1995 年以来，公司天然气特许经营连同客户，共已节省排放量达 1 800 万吨，这大约相当于 350 万辆汽车一年的排放量。

公司也正在努力减少管道业务对环境产生的影响。我公司拥有北美洲最大的管道基础设施，为北美能源供应提供了坚实的基础，同时也为制造日常生活必需品提供原料。为满足这些需求，我们将继续提高系统效率和可靠性，专注于减少排放量并公开披露所取得的进步。为降低消耗我们还将继续倡导碳定价政策，并刺激技术和创新投资。

Enbridge 公司的目的简单明了——为提高人们的生活品质添砖加瓦。无论是石油、天然气还是可再生能源，我们都把亿万人民与他们所需的能源紧紧相连，并希望为他们更加美好的生活贡献自己的一份力量。

7.4.2 Enbridge 公司可持续发展的主要业务选择

为了全面体现公司可持续发展的理念，Enbridge 公司强化或开发了它的主要业务，主要包括以下四个方面的内容：

1. 可再生能源

At Enbridge, we take great pride in meeting our primary responsibility of safely and reliably delivering oil and natural gas to people across North America. The products we deliver are used to heat homes, power transportation systems, and provide fuel and feedstock for industries. At the same time, we recognize that our relationship with hydrocarbons comes with great responsibility. As society looks to greater use of green energy over the long term, we must lead the way now in supporting these naturally occurring sources that are continually replenished.

Since our initial investment in a wind farm in 2002, we've invested approximately $5 billion in wind, solar, geothermal, power transmission, waste heat recovery, and a host of other emerging technology projects. Together, these projects – either operating, planned or under construction – have the capacity to generate more than 2,700 megawatts (MW) gross of zero-emission energy (nearly 2,000 MW net). Today, Enbridge is one of the largest renewable energy companies in Canada, and our portfolio of renewable energy projects is diversified and growing.

在 Enbridge，我们为自己能够履行安全可靠地为北美人运送石油和天然气这一重大职责而自豪无比。我们所输送的产品主要用于住宅供暖、电力运输系统，以及为工业提供燃料和原料。同时，我们认识到我们能否处理好油气问题关系重大。从长远看，社会期待使用更多的绿色能源，因此现在我们必须率先垂范支持这些能够细水长流的天然资源。

自从我们在 2002 年投资风电场以来，现今已在风能、太阳能、地热、电力传输、废热回收以及其他诸多新兴技术项目上投资了大约 50 亿美元。总之，这些项目——无论是已在运作、或是已完成规划，亦或是正在建设的——有能力生产 2 700 多兆瓦（近 2 000 净兆瓦）的能源，而且是零排放生产。今天，Enbridge 公司是加拿大最大的可再生能源企业，我们的可再生能源项目的投资组合多元化发展并蒸蒸日上。

2. 天然气分销

Enbridge Gas Distribution is Canada's largest gas distribution utility, and one of the fastest-growing such enterprises in North America. Enbridge Gas Distribution has been delivering energy for over 165 years, and serves more than two million customers in central and eastern Ontario. Enbridge Gas Distribution owns St. Lawrence Gas, which serves residential, commercial, and industrial customers in upstate New York.

Enbridge Inc. owns Enbridge Gas New Brunswick, which holds the natural gas distribution franchise in the province of New Brunswick, and Gazifère, a natural gas distributor in Quebec, which serves residential, commercial, and industrial customers in the Gatineau region. Enbridge Inc. also holds 38.89 percent of Noverco Inc., which holds a majority interest in Gaz Métro Limited Partnership, the major distributor of natural gas in Quebec.

Enbridge 天然气公司是加拿大最大的天然气分销公司，同时也是北美本行业内增长最快的企业之一。Enbridge 天然气公司具有超过 165 年的能源输送历史，并在安大略中部和东部为二百多万客户服务。Enbridge 天然气公司的子公司——圣劳伦斯天然气公司，为纽约北部的居民和工商客户提供能源服务。

Enbridge 公司在新不伦瑞克省拥有具有分销特许权的新不伦瑞克天然气公司，在魁北克有天然气分销商 Gazifère 公司，他们主要服务于加蒂诺地区的住宅、工商业客户。Enbridge 公司还持有诺沃克公司 38.89% 的股份，而诺沃克公司又持有魁北克天然气主要经销商 Gaz Métro 有限责任公司的多数股权。

3. 液体运输与营销

Enbridge Liquids Transportation and Marketing, L.P. (ELTM) is a transportation, logistics and marketing subsidiary of an Enbridge company. We purchase, sell, transport, process and store natural gas liquids as well as condensate, crude oil and other petroleum products to customers, distributors and industrials throughout the United States.

Enbridge 液体运输和销售公司（ELTM）是一家隶属于 Enbridge 公司的集运输、物流和营销于一体的子公司。我们为客户、分销商和全美各大工业企业采购、销售、运输、加工和储存液化天然气、凝析油、原油和其他石油产品。

4. 国际公司

The objective of Enbridge International Inc. is to supplement Enbridge's North American business activities by securing participation in select opportunities in energy transportation, renewable energy and related energy projects outside of Canada and the United States.

Enbridge International seeks to leverage Enbridge's core experience to offer innovative solutions around the world—for liquid hydrocarbon and natural gas transmission pipelines, based on its 65 years of North American pipeline operating history; and for renewable power, based on experience from its growing portfolio of 2,700 megawatts (MW) gross of zero-emission energy (nearly 2,000 MW net).

Enbridge adds significant value to the international projects in which it participates through its extensive experience and discipline in effectively developing and managing large, complex capital projects and as a highly qualified, reliable, and respected pipeline operator with a strong HSE record.

Enbridge continues to view this business segment as attractive, with international investments providing unique diversification and potentially premium, risk-adjusted returns, provided they meet the company's investment criteria.

建立 Enbridge 国际公司的目的是确保公司在北美和加拿大以外的有关能源运输、可再生能源和相关能源项目上仍具有参与选择权，它是 Enbridge 公司北美业务活动的有益补充。

Enbridge 国际旨在基于公司 65 年北美管道的经营历史，利用 Enbridge 公司的核心体验，为世界各地的液态烃和天然气输送管道提供创新的解决方案；基于其不断增长的 2 700 兆瓦（近 2 000 净兆瓦）零排放的投资经验寻求可再生能源的创新解决方案。

Enbridge 公司以其丰富经验和纪律有效地开发和管理大型复杂的投资项目，这使 Enbridge 公司国际项目的重要性日益加强，而且作为一个高素质的、可靠而又受人尊敬的管道运营商，Enbridge 公司的安全记录极为突出。

只要符合公司的投资标准，Enbridge 就认为具有独特的多元化、潜在溢价以及风险调整后收益等特点的国际投资极具吸引力。

7.5　Enbridge 公司的员工理念及其解读

7.5.1　Enbridge 公司的员工理念

关于 Enbridge 公司的员工理念，我们在其网站上并没有找到相关性的描述，但是找到了一则其公司招聘人才的广告，在这则广告当中十分全面地体现了 Enbridge 公司的用人理念，甚至可以理解为是其经营管理思想，以下是这则广告的主要内容：

WE = a career with unlimited potential.

When your initiative and talents meet our commitment and vision, you get unlimited potential to make a meaningful, long-term contribution. Together, we are one formidable team!

For 65 years, Enbridge has been a leader in the delivery of energy across North America. Our track record of exceptional performance results from a unique partnership between the company and our people.

Together, we are in the business of delivering:

The crude oil that fuels the cars, buses and trucks that we drive.

The natural gas that keeps us warm and cooks our food.

The green energy that lights our businesses and powers our computers.

As a team, we work hard to make our company the strongest player in our industry. At Enbridge, every policy and employee program is designed to ensure employees get the most out of their employment, are rewarded for their hard work and are able to develop their skills and advance their careers within the company. We challenge ourselves to "go beyond" and we meet these challenges through the dedication, knowledge and talent of our employees.

That's why Enbridge has been named one of Canada's Top 100 Employers for 2016, and was voted one of the Houston Chronicle's Top Workplaces in 2014.

We look for individuals possessing strong leadership qualities, high initiative, exceptional technical and analytical abilities, and strong planning, organization, communication and interpersonal skills. We frequently seek qualified candidates in the following functional areas:

Engineering: Civil, mechanical and electrical engineers.

Information Systems: Systems and business analysts and developers.

Pipeline Operations: Electrical and mechanical technicians, plant and system operators and pipeline maintenance personnel.

Accounting: Accounting and financial analysts, internal auditors and tax accountants.

我们——潜力无限的职业。

当你的进取心和才华与我们的承诺和愿景一致时，你将有无限的潜力去做出意义重大的长期贡献。我们同心协力共创一个强大的团队！

65 年来，Enbridge 公司在北美能源运输领域一直独占鳌头遥遥领先，一直以来公司非同一般的表现令公司和员工之间建立了独特的伙伴关系。

我们和衷共济，运输以下能源：

驾驶汽车、公交及卡车所需的原油。

用于住宅供暖和烹饪食物的天然气。

点亮办公室、开启计算机的绿色能源。

作为一个团队，我们齐心协力打造本行业中最强公司。在 Enbridge，每一项政策和每一个员工项目都是为了让员工精益求精，尽善尽美，让他们劳有所获，让他们的技能有所发展，职业生涯蒸蒸日上。我们借由员工的兢兢业业和良知良德而不断挑战自己、超越自己。

这就是为什么 Enbridge 公司在 2016 年被评为加拿大 100 名最佳雇主之一，和 2014 年被评为休斯敦最热门工作场所之一的原因。

我们对领导力强、高度自觉、技术卓越、分析能力突出、规划性强、有组织力、善于沟通、人际关系好的员工求贤若渴，长期寻求以下职能部门的候选人：

工程：土木、机电工程师。

信息系统：系统业务分析师和开发人员。

管道操作：电气和机械技术人员，工厂和系统运营商以及管道维修人员。

会计：财务分析师、内部审计师和税务会计师。

7.5.2　关于 Enbridge 公司员工理念的解读

分析 Enbridge 公司这则关于人才招聘的广告，可以从中梳理出下面五句话以供其他企业参考，当然，这种参考不是如何用来供人参考做人才招聘的广告，而是要从中品味人才管理的一些重要理念和思想。这五句话具体如下。

（1）"当你的进取心和才华与我们的承诺和愿景一致时，你将有无限的潜力去做出意义重大的长期贡献。"这句话堪称是企业人才管理的经典论述，具体分析如下：

在这句话的前半部分当中有五个关键词是对人才以及企业适合或者不适合于人才的判断，可谓是入木三分。

其中针对人才的判断借助的是两个关键词——"进取心"和"才华"，这两者缺一不可，而且同样重要。试想一下，一个只有进取心而没有才华的人其事业是难以成功的，因为他缺少的是成功的资本，因而即便他可以基于强烈的进取心有所成就的话，也只能是小成而不太可能是大成；只有才华而无进取心的人其事业恐怕连小成也难以实现，因为如果他不想去做，那么就算他是个天才也什么都不会做成，那还何谈成功与不成功。

对于任何一个企业而言，判断一个人才是不是企业所需、是不是真正的人才，有此两个关键词作为标准足矣，剩下的依靠都是细节。

对于任何一个希望成为人才、希望有所作为的人来说，这两条标准其实就是个人长期努力的方向，一方面，努力学习让自己更有才华；另一方面，坚持梦想，勇于追求，始终保有一颗进取之心，他就或早或晚一定会成功。

针对企业适合或者不适合于人才的判断，第一重境界也可以借助两个关键词完成，这两个关键词就是"承诺"和"愿景"。同样，对于人才而言，它们同样重要，缺一不可。其中"承诺"是关键，它的力度以及兑现的程度决定了企业吸引人才的力量是大还是小，吸引的人才是多还是少；"愿景"是保证，没有这个保证，不仅吸引不到人才，而且即便吸引到人才也不知应该如何使用人才。

基于这两个关键词，任何一个企业都要经常反思自己，"我们有梦想吗？我们有目标吗？我们要不要给予员工以个人发展的承诺，我们又能给予员工什么样的承诺呢？等等"。

对于有追求的员工或者人才而言，判断其是不是要进入一个企业或者继续留在一个企业工作的因素有很多，但是对于年轻的员工或者人才而言，他一定要问自己、问企业这样两个问题，即"企业有没有未来"以及"在企业的发展过程当中能够给予我多大的平台"。

针对企业适合或者不适合于人才的判断，第二重境界表现为一个关键词，那就是"一致"，这种一致性的要求最为关键。对它可以借助一个比喻来描述，即人才与企业就像互相选择之中的"情侣"一样，首先要"两情相悦，彼此喜欢"；其次要"门当户对，彼此般配"。有此两项作为保证，这一对"情侣"才能长保幸福。

除了以上所说的五个关键词以外，在这句话的后半部分当中还有两个关键词也很重要，那就是"潜力"和"贡献"，当它们分别被加上了修饰语以后，确实可以达到对员工或是人才的激励或是吸引之效果。"来到这里，你将有无限的潜力；来到这里你将能够为企业做出重大的和长期的贡献。无限的潜力可以帮助你个人创造更大的价值，重大与长期的贡献可以帮助企业创造更大的价值，你对企业如此重要，企业对你如此重视，既然这样，那你还犹豫什么呢。"

　　经过以上分析再回头完整地看待这句话可知，它不仅是企业吸纳与管理人才的重要指导思想，而且也是个人追求进步和发展的指路明灯，其中蕴含着无限的深意。

　　（2）"我们同心协力共创一个强大的团队！作为一个团队，我们齐心协力打造本行业中最强公司。"

　　从形式上看，这其实是两句话，但表达的意思只有一个，即旨在强调团队管理的重要性。根据前述研究可知：西方英语系大国之杰出公司，尤其是加拿大之杰出企业是非常重视团队管理的，上至高层领导，下至普通员工，企业在针对他们的组织架构设计和流程安排等各个方面无不体现着团队管理的精神，践行着团队管理的方法。关于这一点无论是从乔治威斯顿公司的委员会管理模式，还是加拿大鲍尔集团、加拿大皇家银行、Couche-Tard公司、森科能源公司、麦格纳国际之重视董事会的作用当中，都可以找到答案。

　　在这两句话当中，最为核心的思想是通过一个关键词表达出来的，那就是"同心协力"，或者也叫做"齐心协力"。如何"同心"，这是企业文化管理的职能；如何"协力"，这是绩效管理的职能。

　　"同心协力"更多地体现为一个企业之团队管理工作的追求目标，而实际上要打造一个高绩效的团队需要做的工作还有很多，为了更加清楚地了解团队和更加精确地运用团队，企业家和各级管理者们至少应该思考如下一些问题：

　　企业真的需要团队吗，而不是为了团队而团队？

　　企业有哪些方面的工作需要团队？

　　企业到底需要什么样的团队？

　　企业现在有团队吗？

　　具备什么样的特点之团队才算是高效团队？

　　企业当中存不存在低效团队？

　　企业团队管理的工作与企业文化是否保持了一致？

　　企业的团队管理工作还应该关注哪些方面的内容？

　　企业应该如何准确地评估团队？

　　……

　　（3）"在Enbridge，每一政策和每一个员工项目都是为了让员工精益求精，尽善尽美，让他们劳有所获，让他们的技能有所发展，职业生涯蒸蒸日上。"

分析这句话，可以得出以下三点见解：

首先，提倡一种思想，即企业应该实实在在地为员工着想，发自内心，不流于形式。

其次，企业可以对员工提出八个字的要求，即"精益求精，尽善尽美"。这个要求既是一个很高的水准，同时也是一个比较务实的标准，它注重的是员工自己与自己的比较，如"好一点，再好一点"，这样的要求，只要努力是一定能够达到的。

最后，要给予员工足够的承诺和回报，要让他们知道和感觉得到：付出了就一定会有所收获，而且不只是一时的收获，还会有长远收获的美好未来，这是稳住现有人才和继续吸引人才的关键。

（4）"我们借由员工的兢兢业业和良知良德而不断挑战自己、超越自己。"

在这句话当中强调的是两层含义：一是员工对于企业很重要，他们是企业发展的真正力量；二是员工要有很好的表现，企业才能真正发展。员工什么样的表现算是好的表现呢？判断的标准包括两条：第一条要兢兢业业，这是对态度和能力的要求；第二条要有良知良德，这是对道德和智力的要求。

（5）"我们对领导力强、高度自觉、技术卓越、分析能力突出、规划性强、有组织力、善于沟通、人际关系好的员工求贤若渴。"

这句话是对人才判断提出的一个综合标准，包括八个方面的要求，其要求不可谓不高。在这八个要求当中，只有一个是注重个人素质的，即为人才者要高度自觉，而其他七个方面注重的都是个人能力，即领导能力、技术能力、分析能力、规划能力、组织能力、沟通能力和协调能力。具备如此七个方面能力之人才，不要说是去就业，就算是去创业也一定会成功。

第8章 加美英三国企业精神文化的比较分析

在《4S 企业文化与 7P 绩效管理及其互动影响研究》一书当中，作者建构了一个"4S 企业文化分析框架"，建立这样一个框架的目的如下：一方面是为了后续八本书的研究提供理论基础，另一方面也是为了针对美英加澳四个国家杰出公司的企业文化管理情况进行对比提供分析路径。因为研究框架统一，所以研究路径相同；因为研究路径相同，所以研究内容才能相通，彼此之间进行比较才有可能。

基于这个框架，在《美国杰出公司企业文化研究》和《英国杰出公司企业文化研究》当中全面分析和对比解读了美英两国各十家杰出公司的精神文化及其对于中国企业的参考，并且通过梳理两个国家共二十家企业的精神文化五要素提炼了大量具有普适性价值的企业精神文化内容。

在"4S 企业文化分析框架"的指导下，本书又研究了七家加拿大杰出公司的企业文化。为了更加全面地分析和了解西方英语系大国杰出公司的企业精神文化之特点，可以把加美英三国这二十七家企业的精神文化内容集中进行比较，以重点分析它们在企业使命、企业宗旨、企业愿景、企业价值观和企业理念五个方面的相同与不同之处，而这就是本章的研究内容与研究意义之所在。

本章内容共分为六节。

8.1 节分析加美英三国企业之"精神文化"的整体情况及其相互之间的比较。在这一节当中，首先以表格的形式对挑选出来的加美英三国杰出公司相关于"精神文化"五个方面要素的设计情况进行统计；其次从总体上对这三个国家之杰出公司的"精神文化"进行比较，以梳理它们在"精神文化五要素"设计方面的共同之处和彼此之间的不同。

8.2 节比较分析加美英三国杰出公司的企业使命。在这一节当中，首先对比分析加拿大和美国与英国杰出公司在企业使命设计上的差距，其次以表格的形式全面展示这三个国家当中十八家杰出公司的企业使命的具体内容。

　　8.3 节比较分析加美英三国杰出公司的企业愿景。在这一节当中，首先介绍了三个国家的企业对于企业愿景的关注情况，其次详细展示了三个国家二十家企业的企业愿景的具体内容。

　　8.4 节比较分析加美英三国杰出公司的企业宗旨。在这一节当中，首先介绍了三个国家的杰出公司描述企业宗旨的整体情况，其次阐述了企业宗旨的内涵、作用及其与其他精神文化要素之间的替代关系，最后全面展示了三个国家十三个企业的企业宗旨的描述情况。

　　8.5 节比较分析加美英三国杰出公司的企业价值观。企业价值观是三个国家的杰出公司最为关注的一个精神文化要素，在西方英语系大国杰出公司企业文化研究系列所选择的二十七家企业当中，关注这一要素的企业多达二十二家，而这一节的主要目标就是全面展示这二十二家杰出公司的企业价值观的内容。

　　8.6 节比较分析加美英三国杰出公司的企业理念。企业理念是三个国家之杰出公司普遍关注的又一个精神文化要素，在二十七家企业当中关注这一要素的共有二十一家。在这一节当中，首先介绍的是各个国家之杰出公司关注企业理念的情况及其所集中关注的企业理念的类型，其次全面展示了二十一家企业关注企业理念的详细情况，最后基于统计数据进行了三个国家在这一精神文化要素上的比较分析。

8.1　加美英三国企业精神文化整体情况比较

　　为了从总体上比较加拿大和美国、英国杰出公司之企业精神文化的情况，可以首先将各个国家所研究的杰出公司设计企业精神文化的情况做一下统计，并且设计成表格。针对这五个方面要素，加美英三国的统计情况如表 8-1~表 8-3 所示。

表 8-1　加拿大企业精神文化统计表

公司名称	企业使命	企业愿景	企业宗旨	企业价值观	企业理念
乔治威斯顿公司	有	有		有	
加拿大鲍尔集团					有
加拿大皇家银行		有	有	有	有
Couche-Tard 公司				有	
森科能源公司	有	有		有	
麦格纳国际		有			有
Enbridge 公司				有	有

表 8-2　美国企业精神文化统计表

公司名称	企业使命	企业愿景	企业宗旨	企业价值观	企业理念
埃克森美孚石油公司	有	有	有		有
雪佛龙公司	有	有	有	有	有
威瑞森电信	有	有	有	有	有
JP 摩根大通	有	有			有
波音公司	有	有		有	有
美国银行	有	有	有	有	
马拉松原油	有	有	有	有	有
花旗集团	有		有		
富国银行	有	有		有	
宝洁公司	有	有	有	有	

表 8-3　英国企业精神文化统计表

公司名称	企业使命	企业愿景	企业宗旨	企业价值观	企业理念
英国石油公司	有		有	有	有
乐购公司	有	有	有	有	有
汇丰银行控股公司	有	有		有	有
联合利华		有	有	有	
南苏格兰电力			有	有	
英国森特理克集团	有			有	
力拓集团	有			有	
苏格兰皇家银行集团		有	有	有	有
金巴斯集团	有			有	
BAE 系统公司	有	有		有	有

　　需要说明的一点是，关于企业精神文化，中国企业习惯于将其设计成六要素，这六要素分别是企业使命、企业愿景、企业宗旨、企业核心价值观、企业精神和企业理念；而西方英语系主要大国杰出公司则习惯于将其设计为五要素，这五要素分别是企业使命、企业愿景、企业宗旨、企业价值观和企业理念。因为本节要统计的是加拿大、美国和英国杰出公司的精神文化设计情况，因而采用习惯上使用的五要素划分法。

　　基于表 8.1~表 8.3 进行分析可知：

　　西方英语系大国杰出公司企业文化研究系列所选择的 7 家加拿大杰出公司在设计其精神文化时，关注企业使命的为 2 家；关注企业愿景的为 4 家；关注企业宗旨的为 1 家；关注企业价值观的为 5 家；关注企业理念的为 4 家。

　　西方英语系大国杰出公司企业文化研究系列所选择的 10 家美国杰出公司在

设计其精神文化时，关注企业使命的为 10 家；关注企业愿景的为 9 家；关注企业宗旨的为 7 家；关注企业价值观的为 7 家；关注企业理念的为 8 家。

西方英语系大国杰出公司企业文化研究系列所选择的 10 家英国杰出公司在设计其精神文化时，关注企业使命的为 7 家；关注企业愿景的为 7 家；关注企业宗旨的为 5 家；关注企业价值观的为 10 家；关注企业理念的为 9 家。

基于表 8-1~表 8-3 所统计的数据还可以制成一个可以更加直观地反映加美英三个国家杰出公司对企业精神文化五要素的关注情况的表格，具体见表 8-4。

表 8-4　加美英三国企业对于精神文化五要素设计情况统计表（单位：家）

精神文化五要素	企业使命	企业愿景	企业宗旨	企业价值观	企业理念
美国杰出公司	10	9	7	7	8
英国杰出公司	7	7	5	10	9
加拿大杰出公司	2	4	1	5	4
三国合计	19	20	13	22	21

基于以上分析可以得出如下结论：

（1）在加美英的杰出公司当中，设计企业精神文化体系最为完整的是美国的杰出公司，其次是英国的杰出公司，最后才是加拿大的杰出公司；而这三个国家在世界经济当中的排名也是这样一个顺序，即美国第一，英国第二，加拿大第三。

（2）美国杰出公司最关注的精神文化要素是企业使命和企业愿景；英国杰出公司普遍关注的精神文化要素是企业价值观和企业理念；加拿大杰出公司最关注的精神文化要素是企业价值观。由此也可以看出，英国与加拿大的杰出公司更注重企业文化的实用性，而美国的杰出公司同步关注的还有企业文化的战略性和引领作用。

（3）在加美英三个国家所有杰出公司对精神文化五要素的关注当中，其关注比率的顺序从高到低依次是企业价值观、企业理念、企业愿景、企业使命和企业宗旨。这其中，集体关注率最高的是企业价值观，而集体关注率最低的是企业宗旨。根据这个统计数据也可以解释现实生活当中的一个现象，即每当人们谈论企业文化时，往往首先想到的或者首先提到的都是企业价值观和企业理念这两个关键词，给人的感觉就是，企业价值观和企业理念就是企业文化本身，或者至少它们可以成为企业文化的代名词。

8.2　加美英三国企业的企业使命比较

基于表 8-2 的数据统计可知，10 家美国杰出公司都有关于企业使命的描述，这 10 家杰出公司分别是埃克森美孚石油公司、雪佛龙公司、威瑞森电信、JP 摩根大通、波音公司、美国银行、马拉松原油、花旗集团、富国银行和宝洁公司。

基于表 8-3 的数据统计可知，10 家英国杰出公司当中有 7 家企业描述了其企业使命，它们分别是英国石油公司、乐购、汇丰银行控股公司、英国森特理克集团、力拓集团、金巴斯集团和 BAE 系统公司。

根据表 8-1 的数据统计可知，在 7 家加拿大杰出公司当中有 2 家企业具有明确的企业使命界定，这两家公司分别是乔治威斯顿公司和森科能源公司。当然，根据作者的推断，其他加拿大公司也一定会有类似于企业使命的介绍，只不过在其公司网站上并没有找到相关性的说明。

通过能够收集到的以上关于企业使命描述的数据可以看出，在这一点上，加拿大的企业与美国、英国企业还存在一定的差距。

为了全面展示 10 家美国企业、7 家英国企业和 2 家加拿大企业关于企业使命描述得详细内容，让读者对西方英语系主要大国之杰出公司的企业使命有一个充分的了解，将这 19 家企业的企业使命制成表格（表 8-5）以供读者参考。在表 8-5 当中，这 19 家企业的排序以其在 2015 年福布斯排行榜上的顺序为准。

表 8-5　加美英三国杰出公司企业使命描述表

公司名称	所属国家	世界排名	企业使命
埃克森美孚石油公司	美国	5	埃克森美孚石油公司承诺成为世界第一的石油和石油化学公司，为了实现这个目标，我们必须持续获得优厚的财务和运营绩效，并让这些与我们坚持的高规格的伦理标准紧密地联系在一起
英国石油公司	英国	6	BP 公司是世界上最主要的石油天然气一体化领导性公司之一。公司为客户提供交通燃料、供热能源、照明能源、发动机润滑油以及用于绘画、制衣和包装等很多日常用途的石化产品 通过上游和下游两个方面的主要业务操作，我们发现、开采和生产主要的能源并将其转化成人们所需的产品，我们的项目和为之而开展的操作有助于促进全世界各个国家和社区的就业、扩大投资和提高税收 我们的目标是要在碳氢产业价值链中努力创造价值。这起于开发，终于能源供应及其他满足日常生活的基础产品
雪佛龙公司	美国	12	我们的员工在世界各地从事着伟大的事业 我们的成功源自于我们的员工和他们的承诺以及用正确的方式去追求结果，这种方式的要求就是负责任地运营，高效率地执行，充分利用创新性的技术，并且为更有利的增长捕捉最新的发展机会。我们的企业使命要求我们：在全世界为了经济的可持续发展和人类的进步提供安全的必需的能源产品；做有能力的员工和有能力的企业并且信守承诺；善于做出正确的选择；要赢得投资人、顾客、政府、地方社区和员工们的赞赏，这不仅仅体现在我们要实现的目标上，还要包括于我们实现目标的过程当中；展现世界一流的绩效水平
威瑞森电信	美国	41	我们的公司要通过优秀的服务工作和杰出的沟通经验把客户永远放在第一位，通过重视顾客我们可以为战略合作伙伴带来稳定的回报，给我们的员工提供有挑战性的和有意义的工作机会，为整个社会提供一些可以持久存在的价值观

续表

公司名称	所属国家	世界排名	企业使命
JP 摩根大通	美国	61	摩根大通已经服务顾客、战略合作伙伴和社会 200 多年了，自从公司成立之初就坚持着这样一个使命，对这个使命的最好描述来自于公司的创始人 J. Pierpont Morgan，他说，"我要强调的是任何时候我们的理念都是做第一流的公司，我们要有第一流的思想，并采用第一流的方式"
乐购集团	英国	62	我们帮助每一个到我们这里购物的人可以享受到更高品质的生活和更容易的生活方式
美国银行	美国	80	我们是美国银行，一家帮助金融生活更美好的银行。我们把消费者、客户、社区和战略合作伙伴连接在一起，然后利用这种结合的力量使金融生活变得更美好
汇丰银行控股公司	英国	81	贯穿于我们的历史，我们一直在把客户与机遇联系起来向上发展。我们确保生意兴隆和经济繁荣，帮助人们实现他们的愿望、梦想和他们的抱负，这是我们的角色和目标
马拉松原油	美国	83	马拉松原油公司的企业使命是比较有意思的，那是因为这个公司又被分成了两个分别独立的公司，一个是马拉松原油公司，一个是马拉松石化。所以他们公司的企业使命是"一个令人骄傲的传统，两个郑重承诺的未来"。每一个公司都把自己定位于为了持续地保证战略合作伙伴的增长而不断地努力工作
波音公司	美国	85	我们努力工作，为了成就公司在航空航天工业领导者的地位
花旗集团	美国	86	花旗集团的企业使命是作为一个可以信赖的合作伙伴为我们的顾客负责任地提供金融服务以帮助他们能够不断地在经济上成长且有能力不断地进步。我们最核心的活动就是帮助客户保证资产的安全、向外借贷、帮助支付和评估资本市场。我们有两百年的经验帮助客户面对世界性最强挑战并为他们构建巨大的发展机会。我们是花旗集团，全球性的银行，一个可以同时把上百个国家和城市几百万人联系起来的机构
富国银行	美国	90	我们希望满足顾客的金融需求并且帮助他们借助金融而成功 除此之外，富国银行在其企业文化手册当中还补充了这样一句话：我们早上醒来就去努力工作的原因是因为我们希望能够帮助我们的顾客金融上的成功并满足他们在金融方面的需求，而这样做的结果就是我们为此而赚到了钱，除此以外没有任何其他的路可以走
宝洁公司	美国	100	我们为现在和未来的世世代代，提供优质超值的品牌产品和服务，在全世界更多的地方，更全面地亲近和美化更多消费者的生活
英国森特理克集团	英国	217	我们是一家能源和服务公司。我们所做的一切的重点就是要满足顾客不断变化之需求
力拓集团	英国	222	力拓集团是一家全球矿产金属行业的领导性公司 我们企业发展的重点是找寻、开采和加工地球上的矿物资源，以力求实现股东利益的最大化。我们有人员、能力和资源以确保供应全世界对于矿物资源的需求。建筑、通信、娱乐、运输、保健和可再生资源这些行业，或者还有更多的行业都依赖于我们所供应的产品
乔治威斯顿公司	加拿大	287	威斯顿食品公司的企业使命是成为北美地区客户心目中公认的最佳烘焙解决专家
森科能源公司	加拿大	317	在森科我们的企业使命是确立核心目标并用于指导我们的行为与活动。为更美好的世界创造能源，这就是我们的核心目标，也是我们每天的追求
金巴斯集团	英国	418	我们的企业使命阐述我们将如何实现这一目标，即金巴斯集团的每一个成员都致力于始终如一地以最有效的方式提供优质的服务，这样做的目的在于和我们的客户、股东与员工分享共同的收益
BAE 系统公司	英国	468	确保股东利益可持续增长是我们一以贯之的使命，为此我们会全力以赴地去追求企业总体绩效的发展

8.3　加美英三国企业的企业愿景比较

基于表 8-1 的数据统计可知，7 家加拿大杰出公司当中有 4 家提及企业愿景，它们分别是乔治威斯顿公司、加拿大皇家银行、森科能源公司和麦格纳国际。

基于表 8-2 的数据统计可知，10 家美国杰出公司当中有 9 家企业描述了企业愿景，它们分别是埃克森美孚石油公司、雪佛龙公司、威瑞森电信、摩根大通、波音公司、美国银行、马拉松原油、富国银行和宝洁公司。

基于表 8-3 的数据统计可知，10 家英国杰出公司当中关注"企业愿景"的有 7 家，它们分别是乐购公司、汇丰银行控股公司、联合利华、力拓集团、苏格兰皇家银行集团、金巴斯集团和 BAE 系统公司。

为了全面展示加美英三国 20 家杰出公司关于企业愿景描述的内容，让读者对于西方英语系主要大国之杰出公司的企业愿景有一个深入的认知并从中参考它们设计企业愿景的理念与方法，下面将这 20 家杰出公司的企业愿景制成表格以供读者参考。在表 8-6 当中，这 20 家企业的排序依然以其在 2015 年福布斯排行榜上的顺序为准。

表 8-6　加美英三国杰出公司企业愿景描述表

公司名称	所属国家	世界排名	企业愿景
埃克森美孚石油公司	美国	5	埃克森美孚公司激励人们在我们所处的行业的各个领域都要保持领先的优势，那就要求我们公司的各种资源包括财务、管理、技术和人才都能够得到合理的使用以及正确的评价
雪佛龙	美国	12	企业愿景是雪佛龙之路的核心，那就是要成为一个全球化的能源公司，让全世界的人们因为这个公司的员工而敬佩，因为这个公司的合作伙伴而赞扬，因为这个公司的卓越的绩效表现而叹服
威瑞森电信	美国	41	威瑞森电信是一家全球领导企业，我们通过不断地创新交流方式和技术解决方案以帮助我们的顾客不断地革新和改善生活、工作和娱乐的方式
JP 摩根大通	美国	61	在我们要做和将要做的所有事情当中，有一个目标是最为重要的，那就是要不断地提高我们客户的体验。我们会经常回顾曾经努力的经历，但目的是为了有一个可以更好地服务客户的全新的视角，为了做到这一点，在每一个我们确定要进入的领域，我们都会做得更好，都要稳步地获得提高
乐购集团	英国	62	在我们工作的任何地方，我们都致力于帮助顾客、同事和社区过上更便捷的生活
美国银行	美国	80	我们对所工作与生活的社区和地域有一个强有力的承诺，那就是通过我们的借贷、投资、广告、业务办理和用工，为我们所在的区域提供有价值的资源
汇丰银行控股公司	英国	81	我们的目标是成为世界领先和最受推崇的国际化银行。我们的宗旨是将客户与机遇联结在一起以获取成长。我们有能力让业务蓬勃发展、经济繁荣，并帮助人们实现其愿望、梦想与抱负

续表

公司名称	所属国家	世界排名	企业愿景
马拉松原油	美国	83	马拉松原油的目标是成为一个最主要的独立开采商和生产商,为了做到这一点,公司需要在七个方面加强战略管理,包括:践行我们的价值观;对我们的员工进行投资;不断地提高在金融财务方面的使用效率;坚定地强化管理;最大化且高质量地使用资源;传递长期投资与合作的价值观
波音公司	美国	85	波音公司的"企业愿景"就是波音公司的"企业使命",那就是"我们努力工作,为了成就公司在航空航天工业领导者的地位"
富国银行	美国	90	富国银行的企业愿景也是其企业使命,即我们希望满足我们顾客的金融需求并且帮助他们借助金融而成功
宝洁公司	美国	100	我们要成为并被公认为是提供世界一流消费品和服务的公司
联合利华	英国	153	联合利华有一个简单但清晰的目标,那就是制造可持续的生活用品,我们相信这是确保我们企业长期发展的最好途径
力拓集团	英国	222	矿业部门的市场形势面临严峻挑战。为了应对这些挑战,我们在所有的业务当中加倍关注生产率,降低成本和资本约束——从现有的业务中挤压最大可能的收益以确保发展得最好的项目可以吸引新的资金。因此在这个行业其他人走上类似道路的时候,我们提早在这一领域当机立断的行动已结出累累硕果。资金实力已成为这一行业中的关键因素,相对于业内同行我们的资产负债表有一定的优势。虽然目前存在挑战,还有很多不确定性,但是从长远角度看,采矿业的发展仍是乐观的。到 2030 年,我们预计仅在中国就有 2 亿 2 000 万人的新的城市居民。在印度和东盟,就目前的趋势表明,大约有 2 亿 5 000 万人将在同一时期内实现城市化。除中国以外的亚洲新兴经济体,在接下来的 15 年 GDP 增长率预计为每年 5%~6%。这些因素导致我们生产的矿物质和金属的需求可以成为现代生活的基本要素
乔治威斯顿公司	加拿大	287	威斯顿的企业愿景以三个原则为中心,它们分别是发展、创新和灵活性 威斯顿公司在运营的部分寻求长期和稳定的发展,与此同时接受长期资本投资产生的审慎的运营风险。我们的目标是借助通用股价升值和分红为股东提供可持续性的回报 威斯顿相信无论是现在还是未来,要想获得长期的成功就必须满足客户或顾客之所需。我们鼓励创新,所以我们能够一直以极具有竞争力的价格为我们的顾客提供产品和服务
加拿大皇家银行	加拿大	299	我们要成为世界上最值得信赖和最为成功的金融机构之一
苏格兰皇家银行集团	英国	303	我们的愿景是获得客户、股东和社会的信任、尊敬和珍视
森科能源公司	加拿大	317	我们有一个愿景,借助它可以勾画我们的未来蓝图,并让我们在来日可以自成一隅 森科的企业愿景就是成为宝贵自然资源最可信赖的管家。无论是现在还是未来,我们将以价值观为导向,引领经济繁荣,社会福利改善和环境健康的未来之路 这就是我们自己和公司的未来之路。换句话说,也就是我们森科在世界上的定位
麦格纳国际	加拿大	318	我们的目标是通过创新工艺和世界级的制造水准为客户创造卓越价值,进而成为客户在汽车行业的首选全球供应商与合作伙伴。我们身体力行,努力成为最佳雇主,有道德、具责任感的企业公民以及股东引以为傲的长期投资对象
金巴斯集团	英国	418	我们努力达成所愿
BAE 系统公司	英国	468	我们成为首屈一指的全球防卫、航空航天和安全保障公司

8.4　加美英三国企业的企业宗旨比较

基于表 8-1 的数据统计可知，在 7 家加拿大杰出公司当中只有 1 家，即加拿大皇家银行提及企业宗旨，其他企业也有提及，但只是把它融入其他精神文化要素当中进行了表述而没有专门进行设计。

基于表 8-2 的数据统计可知，10 家美国杰出公司当中有 7 家企业描述了企业宗旨，它们分别是埃克森美孚石油公司、雪佛龙公司、威瑞森电信、美国银行、马拉松原油、花旗集团和宝洁公司。

基于表 8-3 的数据统计可知，10 家英国杰出公司当中关注企业宗旨的有 5 家，它们分别是英国石油公司、乐购公司、联合利华、南苏格兰电力和苏格兰皇家银行集团。

综合表 8-1~表 8-3 的数据可以得出一个结论，即在加美英三个国家之所有杰出公司对于精神文化五要素的关注当中，集体关注率最低的是企业宗旨，只有 13 家。

企业宗旨要描述的是哪个方面的内容呢，通常意义上说，它要描述的是企业与员工、客户、股东、社会、社区、环境、政府、战略投资者、合作伙伴、其他相关利益方之间的关系。从这个角度看，它也是一个重要的命题，可是为什么在精神文化五要素当中这一要素的受关注率最低呢，其原因主要包括三个方面：

（1）很多企业把企业使命和企业宗旨等同看待，而不专门设计，在这一方面美国的企业表现得最为突出。

（2）有的企业把企业宗旨融进企业愿景进行设计，而不再专门描述，在这一方面英国和加拿大的企业居多。

（3）对于如何处理与员工、客户、社区和社会的关系，很多杰出的企业会专门提出员工理念、顾客至上理念、企业社会责任理念、可持续发展理念等。它们提出这些企业理念的目的就是要界定其公司与员工、客户、社区和社会的关系，有了这种界定，企业宗旨可以提，也可以不提，提之是为了强调，不提也有规则可循。

为了详细展示以上所说加美英三国之 13 家杰出公司关于"企业愿景"描述的内容，下面将这其制成表格（表 8-7）以供读者参考。在表 8-7 当中，这 13 家企业的排序还是以其在 2015 年福布斯排行榜上的顺序为准。

表 8-7　加美英三国杰出公司企业宗旨描述表

公司名称	所属国家	世界排名	企业宗旨
埃克森美孚石油公司	美国	5	对于战略合作伙伴：我们承诺不断地提高他们投资的长期价值，以不负他们对于我们的信任。通过负责任地运营有利的业务，我们希望投资人能够为此得到超额的回报。而这种承诺就是我们管理公司的主要动力。对于顾客：我们会坚持不懈地发挥我们的能力以确保顾客能够一如既往地满意。我们承诺不断地创新和及时地反应，并以最具竞争力的价格为顾客提供高质量的产品与服务。对于员工：我们优越的工作环境可以为员工提供有价值的竞争优势。基于这种优势，我们会一直努力地去招募和留住优秀的人才，并且通过不断地培训和发展给他们创造最大的追求成功的机会。我们承诺，通过开放的沟通、信任和公平相待可以为员工们提供一个安全的具有多样化和个性化的工作环境。对于社会：我们承诺在任何工作的地方都保持良好的合作公民形象。我们要坚持高水平的道德标准，遵守法律和法规，尊重当地的以及该国的文化。为了以上这些目标，我们致力于安全地和对环境负责任地运营工作
英国石油公司	英国	6	我们旨在以安全负责的方式来满足不断增长的能源需求并为股东创造长期的价值。我们力求成为世界级的运营商、有责任心的企业公民和优秀的雇主
雪佛龙	美国	12	我们的成功源自于我们的员工和他们的承诺以及用正确的方式追求结果，这种方式的要求就是负责任地运营，高效率地执行，充分利用创新性的技术，并且为更有利的增长捕捉最新的发展机会
威瑞森电信	美国	41	我们努力工作是因为顾客期待着我们高质量的交流服务，我们通过我们的产品和服务为顾客传递超值的体验。我们所做的一切都是基于我们所建立的强大的网络、系统和过程。我们借助高质量的和负责任的产品所传递的都是最高水平的服务，因为我们为他们提供了他们能够信赖的服务，所以顾客为此而乐于向我们支付我们的报酬
乐购集团	英国	62	了解对于每位股东，尤其是我们的客户和当地社区至关重要的事项，这是我们成功的关键
美国银行	美国	80	美国银行被这样的宗旨所引导，它帮助我们明确如何去管理这家公司以及如何为消费者和顾客提供他们所需要的金融需要。第一是顾客驱动，我们工作的一个非常清楚的目标就是帮助个人、公司和机构能够获得更好的金融服务。我们倾听顾客的需求，把它们与我们的公司连接起来并为他们传递解决的方案。我们强调使顾客的交流更容易，我们的专家更方便为他们服务，我们之间的关系更加友好。而且，当我们不断取得成功的时候，我们会将之与供应商、我们所在社区和战略合作伙伴进行分享。第二是为员工提供伟大的工作场所。美国银行努力成为一个吸引人才的地方；在这里们我们强调团队合作以取得成功；在这里每一个人都是负责任的和有能力的，他们可以为我们的消费者和顾客提供正确的选择；在这里每一人都会受到尊重，每一个具有多样化背景的人都能够取得成功；在这里每一个员工都可以尽情地释放其潜能。第三是管理风险。为了更加有效地管理风险，我们的公司必须变得更加强大，以帮助我们的消费者和顾客一如既往地实现他们的目标，使我们的战略合作伙伴可以一如既往地得到他们的回报。我们在各个方面强化训练以提高我们管理风险的能力，每一名员工都肩负着参与风险管理的责任。第四是进行卓越管理。第五是不断地向战略合作伙伴传递价值与回报

续表

公司名称	所属国家	世界排名	企业宗旨
马拉松原油	美国	83	马拉松原油因为分成了两个相对独立的实体，所以我们可以分别看一下它的两家公司都在坚持什么样的企业宗旨：①马拉松石油公司通过负责任地生产石油和天然气以创造价值并满足世界经济增长对于能源的需求。为了做到这一点，我们针对战略合作伙伴和商业盟友采取负责任的行动，支持他们为了我们而工作，并且在我们管理未来承诺时不断地提高交流和沟通的水平，重点强调在经营和管理企业时保护我们的核心价值观，并以此来驱动我们的商业绩效。②马拉松石化公司通过为我们的顾客提供高质量的产品和服务来与我们的战略合作伙伴共同创造价值。我们坚定地相信我们如何经营的行为要始终如一地保守我们的底线。作为一个结果，我们努力地采取负责任地行动以支持那些为我们工作的人，与我们一起工作的合作伙伴以及我们工作在那里的社区
花旗集团	美国	86	花旗集团为了给消费者、合作伙伴、政府部门和其他机构提供广泛的金融服务和金融产品而永远不知疲倦地工作。我们用独创性的金融努力创造最好的产品以提供给我们的顾客和消费者，那将使所有的问题都可以得到轻松、有创造力和负责任地解决
宝洁公司	美国	100	为现在和未来的世代代，提供优质超值的品牌产品和服务，在全世界更多的地方，更全面地亲近和美化更多消费者的生活。作为回报，我们将会获得领先的市场销售地位、不断增长的利润和价值，从而令我们的员工、股东以及我们生活和工作所处的社会共同繁荣
联合利华	英国	153	我们的企业宗旨意在表达了为了成功我们必须做到：面向我们工作在一起的每一个人，我们所接触的每一个社区，以及我们对之产生影响的所有环境，都应该坚持最高的企业行为标准
南苏格兰电力	英国	205	南苏格兰电力的核心宗旨——为人们的生活和企业的发展提供所需能源。我们负责任地且持续地为我们的客户、雇员、社区和股东提供其目前及长期之所需
加拿大皇家银行	加拿大	299	我们助力客户成长和社区繁荣
苏格兰皇家银行集团	英国	303	我们拥有一个简单和唯一的目标，那就是要好好地为顾客服务。它是我们雄心勃勃地希望成为众所周知的坚持不懈地为顾客提供高品质服务银行而要努力工作的核心目标，我们希望获得顾客、股东和社区的信任、尊敬以及珍视

分析表 8-7 可以发现，针对企业宗旨的描述，除了在涉及企业数量上的排序是美国、英国和加拿大以外，从描述的广度和长度上看，其顺序也是美国、英国和加拿大。这一方面反映了美国企业的实力，另外一方面也体现了美国企业对于企业宗旨描述的重视。

8.5　加美英三国企业的企业价值观比较

基于表 8-1 的数据统计可知，在 7 家加拿大杰出公司当中有 5 家设计了企业价值观，它说明了加拿大杰出公司对于这一企业精神文化要素的集体重视。这 5 家公司分别是乔治威斯顿公司、加拿大皇家银行、Couche-Tard 公司、森科能源公司和 Enbridge 公司。

　　基于表 8-2 的数据统计可知,10 家美国杰出公司当中有 7 家企业界定了其"企业价值观",它们分别是雪佛龙公司、威瑞森电信、波音公司、美国银行、马拉松原油、富国银行和宝洁公司。

　　基于表 8-3 的数据统计可知,本研究系列所选择的 10 家英国案例企业全部描述了其企业价值观,这足以说明整个英国企业界对这一精神文化要素的重视之情。这 10 家英国杰出公司就是英国石油公司、乐购公司、汇丰银行控股公司、联合利华、南苏格兰电力、英国森特理克集团、力拓集团、苏格兰皇家银行集团、金巴斯集团和 BAE 系统公司。

　　为了全面展示加美英三国 27 家杰出公司当中多达 22 家企业对企业价值观的重视,下面将其制成详细的表格以供读者参考。在表 8-8 当中,还是以这 22 家企业在 2015 年福布斯排行榜上的顺序进行排列。

表 8-8　加美英三国杰出公司企业价值观描述表

公司名称	所属国家	世界排名	企业宗旨
英国石油公司	英国	6	·安全 ·尊重 ·卓越 ·勇气 ·团队
雪佛龙	美国	12	·诚实 ·信任 ·尊重多样性 ·重视独创性 ·合作 ·人与环境优先 ·追求优秀的绩效表现
威瑞森电信	美国	41	·诚实 ·尊重 ·追求优秀的绩效表现 ·责任
乐购集团	英国	62	·竭尽全力为顾客服务 ·用人们喜欢的方式对待他们 ·小善举,大不同
美国银行	美国	80	·诚心为顾客服务 ·建设伟大的工作平台 ·有效地管理风险 ·追求杰出的管理 ·诚心为利益相关者提供最好的服务 ·追求共同努力的目标 ·负责任地采取行动 ·充分重视和挖掘员工的潜力

续表

公司名称	所属国家	世界排名	企业宗旨
汇丰银行控股公司	英国	81	·可靠的 ·接纳不同理念和文化 ·与客户、社会、监管机构彼此紧密联系
马拉松原油	美国	83	·重视健康和安全 ·加强环境管理 ·开放和诚实 ·建立友好的社区合作关系 ·结果导向
波音公司	美国	85	·诚实 ·质量 ·安全 ·多样性和内部提升 ·信任和尊重 ·做良好的企业公民 ·确保利益相关者的成功
富国银行	美国	90	·员工是竞争的优势所在 ·注重伦理道德 ·顾客永远正确 ·多样性和内部提升 ·人人是领导
宝洁公司	美国	100	·领导才能 ·主人翁精神 ·诚实正直 ·积极求胜 ·信任
联合利华	英国	153	·诚实以对 ·积极影响 ·长期责任 ·建立愿景 ·与人合作
南苏格兰电力	英国	205	·安全 ·效率 ·可持续性 ·卓越 ·团队合作
英国森特理克集团	英国	217	·优先考虑安全 ·满足不断变化的客户需求 ·确保能源为社会添砖加瓦 ·保护环境 ·积极的员工和合作伙伴关系

续表

公司名称	所属国家	世界排名	企业宗旨
力拓集团	英国	222	·尊重 ·正直 ·团队合作 ·责任追究
乔治威斯顿公司	加拿大	287	·卓越 ·领导 ·创新 ·服务 ·诚实
加拿大皇家银行	加拿大	299	·客户至上 ·合作共赢 ·主动负责 ·多样包容 ·坚守诚信
苏格兰皇家银行集团	英国	303	·顾客至上 ·共同努力 ·做正确之事 ·长远考虑
Couche-Tard 公司	加拿大	305	·永远重视员工 ·结果导向 ·不断追求进步 ·永远向前看式地发展 ·保持创业精神
森科能源公司	加拿大	317	·安全至上 ·尊重 ·做正确之事 ·更上层楼 ·勇于奉献
Enbridge 公司	加拿大	351	·诚信 ·安全 ·尊重
金巴斯集团	英国	418	·开放、信任和诚实 ·追求品质 ·通过团队合作赢得胜利 ·责任 ·安全可行
BAE 系统公司	英国	468	·信赖 ·创新 ·勇敢

8.6 加美英三国企业的企业理念比较

基于表 8-1 的数据统计可知，在 7 家加拿大杰出公司当中有 4 家提及企业理念，它们分别是加拿大鲍尔集团、加拿大皇家银行、麦格纳国际和 Enbridge 公司。被这四家杰出公司重视的企业理念包括多样性理念、员工理念、责任管理理念、创新发展理念和可持续发展理念等。在这四家公司当中对于企业理念最为重视的企业要数加拿大鲍尔集团，这家公司同时关注了责任管理理念、员工理念和多样性理念。

基于表 8-2 的数据统计可知，在 10 家美国杰出公司当中有 8 家企业提出了自己的企业理念，它们分别是埃克森美孚石油公司、雪佛龙公司、威瑞森电信、JP 摩根大通、波音公司、马拉松原油、花旗集团和富国银行。多数美国杰出公司比较集中重视的企业理念包括多样性理念、员工理念、战略发展理念、创新发展理念、统一理念和文化优先理念等。在这些企业理念当中，最受美国企业重视的是多样性理念和员工理念，重视这两个理念的企业各达到 7 家之多，此外，重视创新发展理念的企业也有 4 家。

基于表 8-3 的数据统计可知，在 10 家英国杰出公司当中设计了自己公司之企业理念的有 9 家，它们分别是英国石油公司、乐购公司、汇丰银行控股公司、联合利华、南苏格兰电力、英国森特理克集团、苏格兰皇家银行集团、金巴斯集团和 BAE 系统公司。多数英国杰出公司比较集中关注的企业理念包括多样性理念、员工理念、战略发展理念、创新发展理念和工作与生活平衡理念等。在这些理念当中，英国企业最为关注的是企业战略发展理念，关注的企业数量多达到 8 家。

为了全面展示以上所说之加美英三国 21 家杰出公司所关注的"企业理念"之详细情况，可以将其制成表格以供读者参考。在表 8-9 当中，各个企业的排序方式仍以 2015 年福布斯排行榜上的顺序为准。

表 8-9　加美英三国杰出公司企业理念情况统计表

公司名称	所属国家	世界排名	企业理念名称
埃克森美孚石油公司	美国	5	·多样性理念 ·员工理念 ·创新发展理念
英国石油公司	英国	6	·战略发展理念 ·员工理念

续表

公司名称	所属国家	世界排名	企业理念名称
雪佛龙公司	美国	12	·多样性理念 ·员工理念 ·战略发展理念 ·创新发展理念
威瑞森电信	美国	41	·多样性理念 ·员工理念
JP 摩根大通	美国	61	·员工理念 ·创新发展理念
乐购公司	英国	62	·战略发展理念 ·员工理念
汇丰银行控股公司	英国	81	·战略发展理念 ·多样性理念
马拉松原油	美国	83	·多样性理念
波音公司	美国	85	·多样性理念 ·员工理念
花旗集团	美国	86	·多样性理念 ·员工理念 ·创新发展理念
富国银行	美国	90	·多样性理念 ·员工理念 ·战略发展理念 ·统一理念 ·文化优先理念
联合利华	英国	153	·战略发展理念 ·创新发展理念
南苏格兰电力	英国	205	·战略发展理念
英国森特理克集团	英国	217	·战略发展理念 ·员工理念
加拿大鲍尔集团	加拿大	298	·责任管理理念 ·多样性理念 ·员工理念
加拿大皇家银行	加拿大	299	·多样性理念
苏格兰皇家银行集团	英国	303	·战略发展理念
麦格纳国际	加拿大	318	·员工理念 ·创新发展理念
Enbridge 公司	加拿大	351	·可持续发展理念 ·员工理念
金巴斯集团	英国	418	·战略发展理念
BAE 系统公司	英国	468	·责任管理理念

基于表 8-9 的分析，还可以得出如下几个结论：

（1）加美英三个国家的杰出公司最为关注的企业理念是员工理念，表 8-9 中所列出的企业当中，关注这一理念的企业多达 13 家，这说明各个企业在发展的过程当中都把员工放在最为重要和最为突出的地位。

（2）加美英三个国家之杰出公司第二关注的企业理念是多样性理念，在表 8-9 中，关注多样性理念的公司有 11 家，这说明西方英语系主要大国对于多样性与包容性的重视。

（3）加美英三个国家之杰出公司第三关注的企业理念是战略发展理念，关注这一理念的企业有 10 家，其中英国企业有 8 家，这说明英国的杰出公司非常看重战略规划在企业发展过程当中的作用。

（4）加美英三个国家之杰出公司第四关注的企业理念是创新发展理念，关注这一理念的企业有 6 家。

（5）从总体上看三个国家的企业理念设计情况，提出企业理念比较多的国家是美国，其次是英国，加拿大排在第三位，这与此三个国家在世界经济当中的排序相一致。

（6）从总体上看这些企业设计企业理念的情况，其中提出企业理念最多的是美国的富国银行，其除了在企业理念方面设计得非常丰富以外，在企业精神文化其他四个方面的要素设计内容上也是可圈可点。